# Tropeços nos TRÓPICOS

Michael
**KEPP**

# Tropeços nos **TRÓPICOS**

crônicas de um gringo brasileiro

Editora Record
RIO DE JANEIRO • SÃO PAULO
2011

CIP-BRASIL. CATALOGAÇÃO-NA-FONTE
SINDICATO NACIONAL DOS EDITORES DE LIVROS, RJ

K46t  Kepp, Michael, 1950-
Tropeços nos trópicos: crônicas de um gringo brasileiro / Michael Kepp.
– Rio de Janeiro: Record, 2011.

ISBN 978-85-01-09413-1

1. Crônica brasileira. I. Título.

11-1917
CDD: 869.98
CDU: 821.134.3(81)-8

Copyright © Michael Kepp, 2011

Capa: MODO Design l Eduardo Leichner
Imagens de capa: Fotografias de Alvaro Ennes e Ron Chapple Studios, pertencente ao acervo Dreamstime.com

Texto revisado segundo o novo Acordo Ortográfico da Língua Portuguesa.

Todos os direitos reservados. Proibida a reprodução, no todo ou em parte, através de quaisquer meios.

Direitos exclusivos de publicação em língua portuguesa somente para o Brasil adquiridos pela
EDITORA RECORD LTDA.
Rua Argentina, 171 – Rio de Janeiro, RJ – 20921-380 – Tel.: 2585-2000

Impresso no Brasil

ISBN 978-85-01-09413-1

Seja um leitor preferencial Record.
Cadastre-se e receba informações sobre nossos lançamentos e nossas promoções.

Atendimento e venda direta ao leitor:
mdireto@record.com.br ou (21) 2585-2002.

EDITORA AFILIADA

Para Rosa
e para minha mãe

# Agradecimentos

Eu gostaria de agradecer a meus amigos Diana Brajterman, Bob e Giba Stam, assim como às editoras da *Folha de S. Paulo* Bell Kranz, Beatriz Peres, Flavia Mantovani, Heloísa Helvécia e Débora Mismetti, por terem me convencido a aprimorar algumas ideias e a abandonar outras. E também a Ricardo Lessa e Rosane Rochlin, pelo mesmo motivo. Eu não poderia deixar de expressar meu reconhecimento também aos amigos Mauro Herson e Howard Besser, que me expõem a outras maneiras de pensar. Minha gratidão também a Fernanda Gurgel, que traduziu a maioria das crônicas no livro, assim como a Paulo Migliacci, tradutor da *Folha,* e a Thaís Nicoleti, consultora de língua portuguesa da *Folha,* pelo trabalho de ajuste linguístico, às vezes milimétrico, realizado em algumas das crônicas deste livro. Um agradecimento especial à *Folha* pela publicação de todas as crônicas deste livro, exceto duas inéditas. Eu gostaria de também agradecer a Luciana Villas Boas, da Editora Record, por ter-me oferecido a oportunidade de transformar minhas crônicas em uma coletânea e às suas fiéis escudeiras Magda Tebet, Vivian Soares e Camila Dias, que me ajudaram a organizá-las. Um agradecimento também para Bruno Zolotar, diretor de marketing da Ed. Record, para Cecilia Brandi e Luiza Lewkowicz da sua equipe, e para Gabriela Máximo, diretora de imprensa da editora. Finalmente, à minha família: à minha mulher, Rosa, e a meus enteados, Laura e Gabriel. Sem seu apoio carinhoso, eu teria continuado a ser um americano chato e este livro nunca teria saído.

Michael Kepp

# Sumário

Apresentação   13

## CONFISSÕES

The book is on the table   17
Tropeços nos trópicos   20
Sinatra, Jobim e eu   23
Sempre fora da moda   26
Eu, homossexual?   29
Memória de minha puta gratuita   32
Excessórios   35
Uma curiosa cumplicidade   37
Eu sou dramático!   40
Eu tenho mais de 20 anos!   43
Um matrimônio de aversão mútua   46
O casamento vai à festa   49
Uma química nada cósmica   51
Estranho no ninho   54

48 anos depois   57

Uma culpa que nunca passou   60

A surpresa da separação   63

Amigas do peito   66

Um fascínio sem fim   69

Soltando as feras   72

O verdadeiro supersincero   75

Os melhores presentes   78

Que conselho!   80

Ciberstatus   83

Pesquisando a parede   86

As pérolas do meu pai   89

## COMPARAÇÕES CULTURAIS

A CIA e eu   95

Eca-tiqueta   98

Ketchup — um perigo em qualquer cultura   101

Etiqueta telefônica brasileira   104

Pedidos precavidos, recusas ríspidas   106

Brasil puritano   109

Uma cultura nada confessional   112

A inconveniência da conveniência   115

Bye bye a tudo aquilo   118

Americanamente amigos   121

Casais em duas culturas   124

O almoço pós-enterro americano   126

Casamento brasileiro × casamento americano   129

Universitários brasileiros × trabalho   132

Quanto custou? 135

Uma crônica pífia 138

Autoestima e suas oscilações 141

Tristeza, sim, tem fim 144

Refém binacional 147

Comparando campanhas 150

## ELOGIOS

A arte da arquibancada 155

Comemorar o quê? 158

Adoecer no Brasil 161

Deixa como está... 164

## CRÍTICAS

Quem vive do passado é museu? 169

Cumplicidade na cultura do "QI" 172

Um preconceito universal 174

Pousadas sem repouso 177

A mania nacional da transgressão leve 180

Virando um alvo maior 183

## CONTEMPLAÇÕES
### Sobre viagens, política americana e outras coisas

Casulo e borboleta 189

Mega é melhor? 192

Expectativas específicas 195

Um negro na Casa Branca?   198

A humilhação voluntária de Silda Spitzer   202

O pior cego...   206

Uma emoção inútil   209

Não vivendo intensamente   212

Qual é, neguinho, qual é?   215

A coroa de espinhos do Romário   218

Uma força incontrolável   221

Rá, ré, rí, ró... rua!   224

O adeus virtual   227

Adultério como antídoto?   230

Ceder ou não ceder   233

Insultos sutis   236

Me desculpa, pô!   239

Atenção   242

Cinderela criteriosa procura   245

Sexo é superestimado?   248

As "outras" vítimas do acidente da TAM   251

Variedades de vingança   254

Como você está se sentindo?   257

O enigma que somos   259

Basta tirar os sapatos   262

Quase verdade   264

A luta literária   267

A sabedoria da insegurança   270

# Apresentação

Se você quer um motivo para ler este livro, está na página errada. Volte para a orelha. Se você não tem o menor interesse em saber por que o escrevi, pule a "Apresentação". Você deveria ter feito o mesmo com os "Agradecimentos", porque somente poucos de vocês foram citados. Se você não é muito chegado a ordem, também ignore o "Sumário". Um apanhado de crônicas não precisa ser lido em ordem. Nas páginas que dividem o livro em cinco seções, incluí epígrafes que sugiro que não pule. Essas citações, às vezes subestimadas, explicarão por que você irá preferir saltar algumas seções e ler outras.

Se você leu até aqui talvez queira saber por que eu escrevi minha segunda coletânea de crônicas. Como uma mãe que tem um segundo filho porque sua urgência de procriar não cessou, meu afã criativo persistiu após o meu primeiro livro. E como eu, diferentemente das mães, posso escolher meu favorito, como obra literária minha preferência recai neste livro.

Como no primeiro, vivi todas as histórias aqui apresentadas Nada foi inventado. Mas, nas cinco seções desta coletânea, minha voz é mais afinada e mais afiada do que no primeiro livro. Minhas "Confissões" são mais reveladoras; minhas "Comparações culturais" são mais inusitadas; meus "Elogios" são mais sinceros; minhas "Críticas" são mais atrevidas; e minhas "Contemplações" são uma tentativa de dar maior peso intelectual ao livro. Mas pode ser talvez que só aumentem seu preço.

Será que existirá uma terceira coletânea de crônicas? Eu me pergunto, não pelo medo de esgotar os assuntos sobre os quais posso opinar, mas porque um cronista pode se cansar de sua própria voz. Por enquanto, como uma mãe de dois filhos que perdeu sua necessidade de procriar, eu não vejo um novo volume chegando... mas isso foi o que eu falei depois do primeiro livro.

Michael Kepp

# Confissões

"Cada homem carrega a íntegra da condição humana."

MICHEL DE MONTAIGNE, ensaísta autobiográfico francês (1533-1592)

"Eu tenho revelado minhas próprias falhas e fraquezas em meu trabalho para criar uma personagem muito humana."

JONI MITCHELL, compositora e cantora autobiográfica canadense (entrevista em 1996)

"Eu não falaria tanto sobre mim mesmo se houvesse alguém a quem eu conhecesse tão bem."

HENRY DAVID THOREAU, ensaísta americano (1817-1862).

# The book is on the table

Quando fiz do Brasil meu país, aceitei um bico num curso de inglês que contratava americanos para fazer fitas de exercício: frases gravadas que os alunos deveriam repetir *ad nauseam* na esperança de algo vagamente similar, um dia, sair de suas bocas.

No dia do bico, uma jovem carioca me recebeu no estúdio de gravação com um "alô, você deve ser Maique Quepi". "Sou Mike Kepp", disse, pronunciando com duas, e não quatro, sílabas. Ela então me pediu para ler um exercício para principiantes, enquanto o sonoplasta ajustava o nível de minha voz.

"The book is on the table", eu disse ao microfone, provocando a reação: "No! No! No!" Diga "The boook! is on! the taaable!", ela explicou, esticando e enfatizando cada palavra-chave como se fosse seguida de um ponto de exclamação.

Então eu disse "the book is on the table" mais en-fa-ti-ca-men-te, mas não o suficiente para ela. Argumentei que ela estava pedindo uma ênfase tão exagerada que seria apropriada somente se eu estivesse dizendo: "I've just won a million dollars!" (Acabei de ganhar um milhão de dólares!).

"Pleeeez!", ela implorou em inglês. Mas, mesmo adicionando os pontos de exclamação — "The book! is on! the table!" —, ainda não alcançara o que ela queria. Então, ficando irritado, eu disse: "Escute aqui, senhorita! Nos Estados Unidos, alguém só diria isso tão enfaticamente se estivesse dando uma de camelô, gritando na frente de um livro em cima de uma mesa numa calçada de Nova York: "The boook! is on! the taaable!"

"Good-je!", ela disse em inglês, com uma sílaba extra, demonstrando aprovação. E, já que ela se recusava a ouvir outro argumento, decidi capitular. E frases como "the boook! is on! the taaaable!" e "the caaat! is on! the chaaair!" passaram a rolar de minha língua. Pontos de exclamação mentais ajudavam a ênfase rítmica, assim como repetir, para mim mesmo, o mantra: "Esta! mulheeer! é idiooota!"

Prossegui nesse entusiasmo forçado no exercício seguinte: "Where is the boook?", "The boook! is on! the taaaable!", "Where is the caaat?", "The caaat! is...", e por aí vai. Ela gostou tanto do tom do diálogo que decretou ser hora de começar a gravar. Mas eu achava que já havia começado. O horror de ter de dizer tudo de novo — com entusiasmo! — era mais do que minha voz exausta podia suportar.

Então, eu disse em inglês: "I quit!", uma frase cujo significado ("Eu me demito!") ela pareceu ter esquecido. "You quit?", ela disse. "Yes!", eu disse en-fa-ti-ca-men-te, "The gringo! is not! on the program!"

O que deu errado? Falar uma língua é como cantar uma música. E ela, insistindo para que eu falasse meu próprio idioma daquela maneira, me fez desafinar. Mas essa memória não me aflige quando eu e minha mulher brasileira assistimos a um filme de Hollywood na TV e ela diz: "É o Kirque Douglas" ou "é o Róque Údson". Estou tão acostumado com seu jeito de acrescentar a sílaba extra a nomes estrangeiros, inclusive o meu, que agora eu me apresento como "Maique Quepi".

1º de abril de 2010

# Tropeços nos trópicos

Mudei para o Brasil em 1983, e meço minha incompetência linguística pelo número de pessoas que corrigem minhas conjugações e concordâncias, imitam exageradamente o meu sotaque e perguntam por quanto tempo ficarei de férias. Meu único consolo: nunca conheci um gringo com um português tão impecável que passasse por brasileiro. É impossível. Cedo ou tarde, algum som sai de sua boca, denunciando que ele não é daqui.

Para um americano conterrâneo cujo português parecia perfeito, esse som era "au!". Muitos anos atrás, fazendo um jantar para mim e minha namorada carioca, ele se queimou no fogão e soltou essa interjeição, que é o som que os americanos fazem quando sentem dor aguda. Minha namorada disse que a maioria dos brasileiros pensaria que ele era nativo, talvez gaúcho, até ele soltar aquele som. Por quê? Um brasileiro, sentindo a mesma dor, teria soltado um "ai!", como os franceses, que o soletram "aïe!".

Apesar de todos espirrarem fisiologicamente do mesmo jeito, a pronúncia do som pode variar de um país para outro, como Verissimo observou. Diz-se "atchim!" no Brasil, "atchís!" em países hispânicos, e o mais encorpado "ah-choo!" nos Estados Unidos e na Inglaterra. Então, se em vez de se queimar no fogão o americano tivesse espirrado, alguns brasileiros ainda assim descobririam que ele não era nativo, nem mesmo gaúcho.

Quando atendo ao telefone, não revelo meu status de gringo até a segunda coisa que digo. Noto isso porque todos respondem ao meu "alô" com um "oi, Gabriel", que é o nome do meu enteado brasileiro. Sou hábil na pronúncia de outras palavras curtas terminadas em "ô" e sem o foneticamente traiçoeiro "r". Quando estou com medo de me atrasar para um filme, e minha mulher ainda está na frente do espelho, eu grito um impecável: "Tô saindo, pô!"

Nos trocadilhos dou as mancadas mais constrangedoras. Eu já chamei minha mulher de "minha tesoura" (em vez de meu tesouro) e também de "meu amor interno" (querendo dizer eterno). Outro dia, ao anunciar minha saída apressada e inebriada de um jantar, levantando e dizendo aos convivas "estou me despindo", em vez de "estou me despedindo", um convidado de boca cheia engasgou.

Meu sotaque também surpreende. É tão pesado mas tão pesado que, se caísse de um prédio, poderia matar um poodle. Durante meus primeiros anos aqui, era tão carregado que, quando fiz uma ponta na novela *Roda de fogo*, o diretor pediu que eu falasse em inglês. Ele preferiu meu inglês legendado a meu português cavernoso.

Meu sotaque foi se tornando mais suave, mas em algum momento de minha estadia aqui acabei me acomodando, e meu progresso no português estancou. Embora possa me abrasileirar, usando expressões mais coloquiais, muitas não combinam com meu jeito. Meu lado americano é direto demais para refutar uma acusação — verdadeira ou falsa — dizendo "imagina!", ou "houve um desencontro", quando na verdade fui eu que dei o bolo.

Apesar de ter passado tanto tempo nesse país, meu lar adotivo, sou uma estranha espécie híbrida, *"Americanus brasiliensis"*. Meu ouvido nunca afinou para valer e minha cabeça não se adaptou a cada jogo verbal/cultural. Mas meu coração se sente em casa. A melhor prova disso? Sonho em português — claro, com sotaque. Minha parcela americana, porém, ainda me faz xingar e contar dinheiro em inglês — of course.

# Sinatra, Jobim e eu

As pessoas podem passar como um raio em sua vida, e mesmo assim ter um impacto meteórico — dando a ela uma trajetória nunca antes imaginada. Os mais suscetíveis a esses cometas humanos são tipos sem caminho com um espírito "deixa a vida me levar". Almas itinerantes raramente notam que a pessoa que ali está somente de passagem lhe indicou o caminho antes que você trilhasse um bom pedaço.

Fui esse cometa na vida de alguém que só notou isso 23 anos depois. Eu o conheci brevemente quando morava em Nova York. Depois que mudei para a Califórnia, ele esteve lá e resolvemos sair. Convidei duas amigas para sair conosco, perdendo o contato logo depois, quando me mudei para o Rio de Janeiro.

Ele recentemente me achou no Google e mandou um *e-mail* dizendo que uma das amigas agora é a esposa dele, e a outra o ajudou a conseguir o trabalho que o levou a ser ilustrador de livros. Mas só agora entendeu a grande dívida que tinha comigo, e me perguntou como poderia pagar. "Mande um cheque", respondi por *e-mail*, "ou me leve para jantar se eu for ao Novo México", onde ele e a mulher vivem.

Logo depois de mudar para o Rio, levei Tom Jobim para jantar pelo mesmo motivo — agradecer por ser meu cometa humano. Ele aceitou o convite porque eu era o repórter da revista *Time* que queria entrevistá-lo para uma retrospectiva de seu trabalho. Em meio a muitos chopes, eu disse a Jobim que ele e Frank Sinatra me seduziram até o Rio. Quando me pediu que explicasse, contei do profundo impacto que o disco *Francis Albert Sinatra & Antonio Carlos Jobim*, de 1967, teve sobre mim.

Quando o ouvi pela primeira vez, Sinatra já era meu ídolo na música. Mas sua interpretação das canções de Jobim era radicalmente diferente de qualquer outro trabalho seu, e até melhor que muitos deles. Eu ouvira outros conterrâneos, de Tony Bennett a Sarah Vaughan, interpretando bossa nova. Mas só Sinatra havia ousado se ater a suas opções dinâmicas — do piano ao pianíssimo. Como Frank declarou na contracapa do LP: "Não canto tão suavemente desde que tive laringite."

Ao sacrificar sua assinatura estilística — do swing à auto-comiseração — e acariciar o novo som para se acomodar a um vernáculo musical mais sutil, Sinatra se rendeu aos códigos de outra cultura. Mas sempre foi um camaleão que assumiu as cores do ambiente que o cercava.

Aquele LP me levou a outros, como *Elis & Tom*, ainda mais sedutor. Então, em 1982, quando disse a um amigo americano apaixonado por este país que eu não aguentava mais viver nos Estados Unidos, ele disse: "Por que não vai para o Brasil?"

Aceitei sua sugestão, em grande parte porque Sinatra e Jobim (junto com o elenco de *Orfeu Negro*) já a haviam sussurrado ao meu ouvido.

Em 2003, quando me entrevistou sobre um livro de crônicas que eu havia escrito contando meus 20 anos no Brasil, Jô Soares me perguntou se uma brasileira havia me seduzido até aqui. "Não", eu disse, "foi o país e sua música." Mas apaixonar-se por uma pessoa ou por um país, como disse ao Jô, requer entrega — o segredo por trás do espírito "deixa a vida me levar" ou de um LP de Sinatra & Jobim.

8 de agosto de 2007

# Sempre fora da moda

Quando saí de Berkeley, na Califórnia, e vim para o Rio de Janeiro, troquei uma cultura por outra que, eu esperava, revitalizou meu interior desgastado. Apesar disso, meu exterior, isto é, como eu me visto, não mudou em nada.

No Rio, internamente passei a me sentir mais vivo apesar de continuar vestindo jeans e camisa xadrez, a roupa que usava desde os tempos de colégio. Após décadas de uso esse uniforme tinha virado minha segunda pele. Em 1978, quando trabalhei como garçom em um restaurante em Miami por um outro período, substituí a camisa xadrez por uma havaiana, meu uniforme dentro e fora do trabalho.

Ainda naquele ano, fui ao primeiro reencontro com minha antiga turma de colégio, que não se via desde a nossa formatura, dez anos antes. De década em década, volto para esse ritual, assim como a maioria de meus 600 colegas de classe. Por quê? Os americanos veem as reuniões como um modo de revisitar uma época fundamental antes da vida adulta.

Para mim, o passado acontecera em St. Louis, uma cidade interiorana, conservadora e claustrofóbica.

Nessa reunião, usei meu uniforme "Miami", jeans e camisa havaiana. Mas foi o "traje errado", uma roupa que refletia minha "trajetória errante". Depois da universidade, eu passei anos na estrada, vivendo de bicos: construindo casas, colhendo maçãs, trabalhando como garçom. Enquanto fazia isso meus colegas de classe se tornavam profissionais de colarinho branco. Portanto, todos compareceram à reunião de terno e gravata, o uniforme que usavam não apenas dentro mas também fora do trabalho. Passei a noite recebendo uma profusão de olhares esquisitos, imaginando o que estariam cochichando pelos cantos.

Na reunião seguinte, em 1988, eu já tinha vindo para o Rio e já criara meu uniforme carioca. Na primavera/verão, bermudão com sandálias, sem as meias três-quartos escuras e o boné que os americanos acham tão elegantes. No resto do ano, calça jeans e camisa xadrez. As mudanças inspiradas pelos cariocas foram apenas usar camisas mais curtas e para fora das calças, passando a ideia de descontração.

Como o convite dizia "traje informal", foi com essa roupa que eu fui. O que eu não sabia era que, naquela época em St. Louis, "informal" significava blazer e camisa social, sem gravata. Mais uma vez, recebi olhares duvidosos. Nem colocar a camisa para dentro da calça calou o burburinho.

Na reunião de 1998, quando tinha 48 anos, ainda morando no Rio, usei um blazer preto e calça social cáqui (emprestados para a ocasião), esperando finalmente entrar no esquema. Mas, no mais relaxado fim do século, "traje informal", como dizia o convite, passou a ser calça jeans e camisa social. Basicamente o meu figurino carioca. E era isso que todos os homens vestiam. Menos eu.

No reencontro de 40 anos, em 2008, vou usar meu novo uniforme carioca: jeans e camisa lisa. Depois de tantos anos de Rio de Janeiro percebi que camisa xadrez fica melhor para as festas juninas. Pode ser que meu novo visual não reflita meu interior renovado, nem seja o último grito da moda. Mas cheguei à conclusão de que meus trajes não devem me constranger. E pensando bem, não deveria ser esse o principal objetivo da moda?

30 de junho de 2005

# Eu, homossexual?

Ninguém considera você um craque na cozinha se sabe fazer um saboroso suflê nem um ás dos esportes radicais se, uma vez, foi voar de asa-delta com um instrutor. Mas faça outro mergulho experimental: passe uma noite de intimidade, ou mesmo cinco minutos eróticos, com alguém do mesmo sexo e, *voilà*, você é homossexual de carteirinha. Eu nem precisei ousar tanto para ouvir meu nome e a palavra "veado" usados na mesma sentença.

Só precisei dividir meu apartamento com um homem gay. Ele era o simpático amigo brasileiro de uma amiga minha, e eu era o americano não homofóbico que acabara de se mudar para o Rio, sem o fiador necessário para alugar o próprio apartamento. Mas depois que meus colegas, um grupo de correspondentes estrangeiros, descobriram quem morava comigo, o boato se espalhou: "É coisa de boiola." Nem mesmo ter uma namorada carioca abafou a fofoca.

Por fim, um colega do *New York Times* veio me falar das suspeitas do grupo. "Mike, todo mundo quer saber se você é gay ou não", ele disse. "Bem", respondi, "eu vinha pagando uma carioca para fazer papel de namorada em nossos eventos sociais para que esses boatos não se espalhassem. Acho que estou jogando dinheiro fora."

O homofóbico não entendeu meu senso de humor e repetiu minha confissão, sem o tom irônico, para os outros colegas. Foi quando alguns começaram a me evitar em eventos sociais, algo que ficou mais evidente depois que eu e minha namorada terminamos.

Durante esse período, o diretor de elenco de um filme, um longo clipe musical que Mick Jagger estava fazendo no Rio para promover seu primeiro disco solo, perguntou se eu queria fazer teste para ser o cabeleireiro gay de Mick. Eu havia passado alguma vibração gay? Não, eu fazia o Charlie Brown no musical montado pela comunidade americana no Rio, baseado nos personagens do quadrinho do Snoopy (e sua turma). E o diretor de elenco achou que a voz em falsete que eu usava para interpretar o frustrado menino de 5 anos me tornava perfeito para o papel.

Logo antes do teste, ele perguntou: "Você é gay?" "Não", eu disse, "por quê?" "Se fosse, ficaria mais convincente no papel", ele respondeu. Por quê? Ser o cabeleireiro de Mick exigia falar com uma voz levemente histérica e abanar os braços, desmunhecando. Basta imaginar Tom Cavalcante imitando Clodovil durante um ataque de ansiedade. Durante meu teste, eu virei essa caricatura. Mas o painel que me julgava disse que eu não era bicha louca o bastante. O superafetado cabeleireiro de Mick ficou com o papel.

Se eu tivesse dito ao diretor de elenco que era gay, talvez o papel fosse meu. Como os colegas me ensinaram: diga às pessoas aquilo em que elas querem acreditar, e acreditarão. É como o preconceito ganha seu palco e sua plateia fácil de agradar. Por isso se perpetuam mitos, como a crença de que a homossexualidade não é natural. Ser gay não é anomalia. Nem mesmo é preferência. É uma atração incontrolável. Porque, se pudesse escolher sua sexualidade, por que alguém optaria por uma que ofende e intimida tanta gente?

26 de outubro de 2006

# Memória de minha puta gratuita

Não havia pensado em trazer a público meu passeio pelo mundo da prostituição até ler, na semana passada, que livrarias em São Paulo e Paraná questionavam a venda do novo livro de Gabriel García Márquez, *Memória de minhas putas tristes*.

Esses livreiros não ficaram alarmados de o romancista mais importante da América Latina, ganhador do Prêmio Nobel, ter se tornado um pornógrafo. O que os incensou foi o título do livro. E a reação deles revela o preconceito generalizado que circunda a mais antiga das profissões.

Eu também partilhava desse puritanismo — dormir com uma prostituta seria uma experiência sórdida e vergonhosa — quando fui forçado a repensar essa visão. Eu havia acabado de me mudar para o Rio de Janeiro e me tornado amigo de alguém que me achava careta e carente.

Ele sugeriu que, já que eu não havia encontrado minha garota de Ipanema, Botafogo ou de qualquer bairro, eu visitasse o Lido, a zona do meretrício de Copacabana. Quando eu disse "não", e balbuciei alguma bobagem sobre sexo sem emoção, ele sugeriu que eu encarasse a ida ao Lido como um exercício de antropologia. E ofereceu fazer da pesquisa de campo o meu presente de aniversário.

Apesar de sua oferta desafiar o que eu considerava um tabu sexual, também apelava à minha crença de que tabus são feitos para serem quebrados. Então, eu disse "sim", sob a condição de vestir meu manto de antropólogo. Eu sempre me perguntara, afinal, por que as prostitutas usam perfumes que cheiram como se o nome fosse "L'eau de sovaco".

Quando entrei em uma boate do Lido chamada Holliday, meus pensamentos ficaram libidinosos, nada analíticos, enquanto eu dançava com uma variedade de mulheres. Mas a dançarina que mais me atraiu foi a que parecia a menos interessada. Minha luta para conquistá-la terminou com um beijo que pareceu durar horas.

As preliminares acabaram quando nós dois, junto com meu amigo e sua acompanhante, voltamos de carro para a casa dele. Comprei pipoca — que ela parecia preferir aos meus beijos. Então, joguei com ciúmes o saquinho pela janela, e o clima mudou. Eu a tratara como objeto. Então, ela virou um robô. Mas o sexo, mesmo ela estando no "piloto automático", foi melhor do que o que tive com muitas mulheres.

Mais revelador ainda foi ver como esse *pas de deux* mudou minha relação com meu amigo. Na manhã seguinte, depois de levar as mulheres em casa, nós nos despedimos, não com o tapinha nas costas mútuo, mas com um longo abraço. Foi quando me dei conta de que minha aventura com a prostituta, que não foi sórdida nem vergonhosa, também havia sido um ritual que tornou mais sólida a amizade. Admito que seja machista; mas ninguém é perfeito.

Desafiando um tabu, abri novas possibilidades e acabei com um preconceito. Também comecei a questionar a hipocrisia daqueles que se mostram ofendidos por essa profissão. Apesar de a prostituição existir em várias formas, só as versões mais explícitas são condenadas pelos homens, muitos dos quais — senão a maioria — utilizadores desse serviço.

Meu objetivo não é romantizar a profissão. Talvez nenhum outro emprego faça mais para destruir a autoestima e a saúde de uma mulher. E eu obviamente condeno a prostituição infantil como sendo o meio mais covarde de roubar a infância daqueles que a sociedade mais deveria proteger.

Só quero dizer que não há nada pecaminoso ou vergonhoso em uma profissão a que recorrem as mulheres para sobreviver. Ainda assim, o puritanismo à volta dela é profuso. Pode ser encontrado não só no preconceito dos livreiros paulistas e paranaenses, mas também no *Aurélio*, que lista como sinônimos para "prostituir" os verbos "corromper", "degradar" e "desmoralizar". O que é realmente desmoralizante é definir um problema socioeconômico em termos morais.

28 de julho de 2005

# Excessórios

Preciso de seis coisas para sair de casa: camisa, jeans, sandália, dinheiro, chave de casa e identidade. Não uso cueca, cinto para compor, ou relógio. Não tenho carteira, cartões de visita, celular ou carro. Comparado à maioria dos homens, pareço mal equipado para me aventurar na selva urbana. Comparado às mulheres, estou quase nu. Elas usam muito mais coisas, e em lugares bem mais variados. Nem estou contando as bolsas, que mostram quão incapazes são de jogar qualquer coisa fora — de canetas estouradas e batom vencido a contas pagas e balas velhas.

A cueca não é o exemplo mais óbvio de bagagem em excesso. Mas o que ela faz de verdade? Ao contrário do sutiã, não protege nem apoia o que guarda. E quem precisa de relógio de pulso em cidades repletas de digitais? Táxis são mais baratos do que a despesa que vem com um carro, e mais seguros. Já que só uso meu cartão de crédito para alugar carros nas férias, levo comigo apenas um documento (e nada de cheques, fotos ou camisinhas). Por que usar carteira? Só para roubarem tudo junto?

Alguns homens não usam só a carteira, mas sim pochetes, o que os faz parecer cangurus. Se precisam de um bolso extra, podem usar a cueca (digamos, para esconder dólares, como fez o assessor do PT). Isso a tornaria útil. As bolsas a tiracolo, para homens e mulheres, assim como outras bolsas femininas, estão ficando maiores para levar os mais novos acessórios — de *pagers* e celulares a *palmtops* e tocadores de MP3.

Eu não tenho celular porque não gosto de ser interrompido quando saio, especialmente por um aparelho que vibra perto de uma zona erógena "descuecada". Minha mulher tem a mesma aversão que eu a acessórios, e não tem celular, cartão de crédito ou porta-maquiagem. Quando saímos juntos, ela nem leva bolsa. Eu ponho a identidade dela no meu bolso. Fomos feitos um para o outro.

Nós não somos frugais ou antitecnologia. Tiramos longas férias e levamos uma câmera digital e microlanternas de alta intensidade para ler no escuro. Mas juntos levamos menos bagagem do que muita dondoca em viagens de fim de semana. Ao contrário da maioria dos viajantes *high-tech*, não levamos *laptops* para mandar *e-mails* ou baixar fotos digitais — um exemplo de como um acessório leva ao outro.

Na era de ouro do excesso, evito esses brinquedos, não porque viciem, mas porque não melhorariam minha qualidade de vida. O budismo ensina que "menos é mais". E Henry David Thoreau escreveu que "o homem é rico em proporção ao número de coisas de que pode prescindir". Ele é o meu modelo de afluência.

23 de novembro de 2006

# Uma curiosa cumplicidade

Taxistas, entre meus intérpretes desta cultura, já me confidenciaram desde suas famílias e amantes a seus passados e preconceitos. Devido ao meu sotaque, o papo geralmente começa com "o senhor é de onde?" Mas meu momento mais inesquecível em um táxi teve um início bem diferente.

Tive que ir à polícia rodoviária nos arredores do Rio para pegar o boletim de ocorrência exigido pela minha seguradora depois que um acidente resultou na perda total do meu carro. Mas o taxista que chamei na rua, no caminho para o escritório, queria me cobrar uma tarifa de ida e volta absurda, que recusei.

A cooperativa de táxis que chamei do escritório me deu um preço bem melhor, mas, por coincidência, enviou o mesmo taxista que havia encontrado anteriormente. Se tivesse notado antes que o carro era dessa cooperativa, teria ligado para outra para evitar um conflito. Nosso duelo começou quando eu sentei no banco de trás e ele me acusou de passar a perna nele. Eu dei uma aula a ele sobre comparação de preços e ofereci ligar para outra cooperativa. Então ele grunhiu, o último som que fez até chegarmos à polícia rodoviária uma hora depois.

A polícia ficava em um lugar isolado, longe da rodoviária. O guarda da entrada do local alertou "Não pode bermuda, só calça", como se programado para poupar palavras. Argumentar com esse robô não adiantou, forçando-me a apresentar meu caso para o taxista, estacionado ali perto.

Com um sorriso amarelo e uma dose de desespero na voz, ofereci o valor que me havia cobrado inicialmente se me deixasse usar sua calça. Ele não era do tipo bom samaritano, e eu não estava entre seus favoritos. Mas a regra sobre o traje o irritava também, especialmente quando viu uma moça de minissaia passar pelo guarda. E ele aceitou a oferta. Talvez as cumplicidades necessárias para driblar a "burrocracia" aqui expliquem a origem das expressões: "dar um jeito", "quebrar um galho" e "jogo de cintura".

Em um banheiro próximo, a calça dele (tamanho P) me cabia (G) como uma camisa de força. Pior, o zíper não fechava. E meu hábito de não usar cueca — cuja função eu questiono* — me deixou com quase tudo ao ar livre. Então, coloquei a camisa para fora. O taxista, constrangido com meu estilo "descuecado", se recusou a vestir — ou até tocar — minha bermuda. Ele preferiu esperar minha volta em sua sedosa cueca samba-canção, estampada com mulheres voluptuosas em poses sugestivas. E pediu que voltasse rápido.

As sobrancelhas do guarda saltaram quando me viu andar como um pato por ele, tentando evitar o estouro das costuras.

---

*Para entender por que não uso cueca, ler a crônica "Excessórios".

Depois de conseguir o boletim de ocorrência e de voltar ao banheiro, eu me espremi para sair da calça, e o taxista balançou a cabeça, como que dizendo: "ela nunca mais será a mesma".

A volta ao Rio, mais animada do que a ida, começou com "o senhor é de onde?". Ele perguntou o que eu achava de Bush, e eu perguntei sobre o trabalho dele, que ele disse ser tão imprevisível quanto seus passageiros. "É uma surpresa quando alguém senta na frente", ele falou. "É, ou quando alguém te oferece dinheiro para tirar a calça", tive vontade de dizer. Mas resisti à tentação.

11 de junho de 2009

# Eu sou dramático!

Demonstro tanto meus medos que minha mulher, Rosa, me chama de dramático. Mas o termo "alarmista" descreve melhor falsos profetas, como eu, que predizem que algo ruim vai acontecer, geralmente a eles.

Um alarmista precisa de uma voz desesperada e de pelo menos uma fobia. Uma das minhas é a hipocondria. Para mim, uma dor de garganta é uma fase, perigosamente breve, entre uma tosse e uma pneumonia. Receio que hematomas sejam melanomas.

Quando vim para Rio, trouxe comprimidos para esterilizar a água, um kit contra mordida de cobra e dois tipos de pílulas contra malária, que tomei até constatar que não havia o mosquito transmissor na cidade.

Também tenho medo de ir ao dentista. Antes de ir, tomo dois ansiolíticos. Mas a agulhada da anestesia e o zunido da broca ainda me deixam apavorado. Já que tenho todos os meus dentes e nunca estive seriamente doente, Rosa insiste que eu modere meu medo de males imaginários. Para ela, moderação, como exercício, é bom para todos, e drama é para atores e divas.

Recentemente, Rosa me chamou de dramático por causa do escândalo que fiz antes do meu primeiro tratamento de canal. Quando ela faz um canal, só menciona o preço razoável, como se tivesse ido às compras. Então, não simpatizou com meu melodrama. Nele, expressei medos irracionais. Um era de que, mesmo anestesiado, uma dor aguda geraria um espasmo, levando a broca a dilacerar minha gengiva. Expressei medos irracionais porque é o que fazem os alarmistas!

Mas nada ruim aconteceu em minha boca. Horas depois, eu e Rosa fomos ao coquetel de um prêmio literário. Como não conhecia quase ninguém, me diverti dizendo aos garçons que, como havia sido operado no dia, estava em dieta líquida e que continuassem a encher meu copo com champanhe. "Operado?", Rosa perguntou, sem querer resposta. Com o aumento do teor alcoólico, aumentaram também meus exageros. Rosa acabou com a crescente preocupação dos garçons, revelando a microcirurgia. Eles gargalharam, fazendo com que Rosa soltasse o mesmo som contagiante.

Meu alarmismo, se absurdo o bastante, também pode diverti-la. Uma noite, uma aranha enorme e peluda subiu na cama em nossa pousada, fazendo com que eu gritasse e desse um pulo. Depois de matá-la, Rosa achou minha figura — nu, de cócoras e tremendo em cima da poltrona — patética. Então, riu.

Somos uma mistura de características, algumas inseparáveis. Meu lado alarmista, que Rosa acha chato (o ônus), e meus exageros lúdicos, que acha cômicos (o bônus), são parte da minha natureza dramática.

Eu me comparo ao Woody Allen, outro alarmista com o qual não deve ser fácil conviver, mas que proporciona à esposa algumas risadas. Um tema central em seus filmes é que as pessoas não podem rejeitar o complexo pacote que somos sem perder muito do que, em nós, as cativa. A expressão inglesa para essa perda é "jogar o bebê fora junto com a água (suja) da banheira", disse à Rosa. Ela aceitou o argumento, especialmente a parte que me compara a um bebê.

25 de maio de 2010

# Eu tenho mais de 20 anos!

Para mim, envelhecer foi um processo marcado por perdas anatômicas que começaram no fim da minha adolescência. Eu havia celebrado perdas anteriores — dos meus dentes de leite e minha gordurinha de bebê à minha virgindade —, já que trouxeram ganhos. Tudo mudou aos 20 anos.

Foi quando comecei a perder cabelo. Bastava penteá-lo. Hoje em dia, minha calvície está pontuada de manchinhas solares e rodeada de cabelos grisalhos. Por isso, quando peço às pessoas que adivinhem minha idade (59), geralmente me dão mais.

Minha perda seguinte se deu aos 22 anos, quando uma vizinha me mostrou como ficar doidão, enfiando uma pinça com uma brasa de haxixe no nariz. Não me dei conta de que sua fumaça pungente e ardente podia queimar também o meu olfato — até ser tarde demais. Desde então, não sinto mais cheiro nenhum, a não ser ao dirigir por pastos cobertos de esterco, quando meu olfato acorda de repente de seu sono profundo.

Aos 52, dei adeus à minha vesícula cheia de pedras. Embora dispensável, sinto falta dela porque o órgão, como o fígado, secreta bílis, um fluido digestivo. Agora, eu não tenho bílis suficiente para digerir refeições grandes ou pesadas, sofrendo com a fermentação que incha minha pança. Minha mulher zomba do meu autoabuso, me chamando de "meu grande gatoso" (gato idoso). Mas, aos 60 anos, ela vai me achar um "sexygenário"?

Aos 54, tive um acidente vascular cerebral (AVC), ou seja, um derrame, que me roubou de repente a visão periférica do olho esquerdo. Quando acordei no dia seguinte, minha visão periférica havia voltado, provavelmente porque o vaso sanguíneo que nutre as células e nervos responsáveis pela visão periférica havia desentupido. Mas, para evitar um outro AVC, tenho que tomar pílulas que afinam o sangue pelo resto de minha vida. Isso me fez lembrar do que fazia meu pai se sentir muito rodado: notar como, depois dos 65, suas orelhas e a minifarmácia que mantinha no banheiro começaram a crescer.

Um velho amigo lembrou que costumávamos falar principalmente de sexo, e agora, de saúde. Mas o que mais o lembrava de sua finitude era a morte de amigos da mesma idade. Para me poupar de perdas similares e me sentir mais jovem, me cerco de amigos cujos caminhos que levam à terceira idade são mais longos que o meu.

No meu último aniversário, uma moça me falou "o senhor está inteiraço", uma maneira delicada de dizer "bem conservado", que melhor descreve uma múmia. Meu pai sofreu com um desses lembretes no seu aniversário de 80 anos. Ao soar da meia-noite, ele me ligou e, como se tivesse subido o Monte Everest, proclamou: "Mike, tenho 80 anos!" Dez minutos depois, quando a realidade bateu, ele ligou de novo e, na voz mais desanimada que se pode imaginar, gemeu: "Miiiike... tenho *80 anos*."

Aos 81, um derrame o deixou em um estado de semicoma do qual nunca despertou inteiramente. Embora o envelhecimento irritasse meu pai, forçando-o a testemunhar seu declínio, a morte não o incomodava. Ele só não queria estar presente quando ela viesse. E não estava.

19 de março de 2009

# Um matrimônio de aversão mútua

Uma aversão mútua pode unir duas pessoas, desde que seja a algo mais relevante do que, digamos, sushi. Quando eu conheci Rosa, essa piauiense nutria antipatia pelos brasileiros metidos a machões. Eu, um *yankee*, tinha alergia às radicais feministas americanas. Nossa atração mútua era, em parte, alimentada por uma aversão também mútua em ser dominado por conterrâneos do sexo oposto.

Poderia essa aversão mútua explicar por que, quando nos conhecemos, só havíamos sido casados com estrangeiros — eu com uma mineira, e ela com um húngaro e outro americano? Quem sabe? Uma coisa é certa: essas ligações desmistificaram o namoro com alguém de outra nacionalidade, transformando a novidade em algo natural e confortável. Talvez tenhamos escolhido parceiros estrangeiros do mesmo modo que as pessoas se mantêm fiéis a uma mesma marca de carro. Após muitos quilômetros rodados, mudam para um modelo com novas características.

Em mim, Rosa tinha um gringo que não insistiu, como seu primeiro americano, que ela aprendesse inglês antes de levá-la aos Estados Unidos. Isso a agradou, já que é tão antiamericana — contra o imperialismo, individualismo e consumismo — que aprender minha língua e visitar minha pátria não estavam na sua lista. Mesmo quando dei uma de príncipe encantado americano, prometendo uma vida idílica num condomínio de Miami, Rosa uniu polegar e indicador, formando uma rodinha e deixando claro o que pensava daquela ideia.

Eu não pensava diferente. Compartilho de sua ideologia e prefiro morar no país dela. Ela compartilha de minha natureza franca e independente. Rosa não é a tradicional brasileira subserviente que alguns gringos desejam como antídoto para as mandonas americanas. Ainda assim, tem o espírito aberto demais para defender, como certas feministas, que ambos os sexos devem dividir igualmente o trabalho doméstico e sentir as coisas da mesma maneira.

Quando conheci Rosa em uma festa na casa dela, 18 anos atrás, fingi ser alguém que não era para impressioná-la. Estávamos ambos nos arcos descendentes de nossos casamentos, e atraídos um pelo outro. E, numa paquera tola e desajeitada, deixei implícito que estava mais antenado ao feminismo do que seu marido americano. Como? Depois que ela pôs a mesa do bufê, eu disse que um americano mais pró-feminismo (eu) ofereceria ajuda. Ela cortou minha paquera, dizendo que o marido, excelente cozinheiro, fizera o jantar, uma prática comum.

Quando começamos a namorar, três anos depois — muito depois de ambos estarmos separados —, jantávamos em restaurantes. Quando nos casamos, eu só ajudava na cozinha lavando a louça. Imagino que ela tenha me comparado não só aos ex-maridos, mas à maioria dos maridos brasileiros que só molham a mão na cozinha ao pegar cerveja na geladeira. Quer dizer, eu era a mesma marca, só que outro modelo com algumas características novas e bem-vindas.

29 de maio de 2008

# O casamento vai à festa

Eu e minha mulher, Rosa, levamos uma década para relaxar em festas naquela situação em que o outro está batendo um longo papo com um(a) desconhecido(a) do sexo oposto. Essa ansiedade, uma mistura de ciúme e abandono, talvez seja apenas parte da natureza humana. Quando começamos a ir a festas, especialmente aquelas em que a música dançante criava um clima, a ansiedade crescia na medida em que o outro passava mais tempo com o(a) desconhecido(a).

Voltando para casa, revelávamos nossas indignações com a frase "me senti preterido(a)". Mas essas cobranças não freavam nosso comportamento gregário — o meu em particular — em festas cheias de desconhecidos.

Com o passar do tempo, um acordo tácito foi se formando e permitiu que, nessas festas, convivêssemos um com o outro sem cobranças. Desde que nenhum dos dois passasse mais de 20 minutos falando com um(a) desconhecido(a) do sexo oposto, é claro! Se isso ocorresse, qualquer um de nós — se não estivesse engajado num papo similar — podia chegar e dizer, "Querido(a), vamos dançar?", o que encerraria a conversa.

Depois de uma década de casamento e com o crescimento da confiança mútua, sem combinarmos, o acordo passou a valer por 45 minutos, um tempo de um jogo de futebol, que também requer um intervalo. A maioria de nossos amigos considera nosso limite de tempo uma eternidade. Alguns deles não permitam que o parceiro converse com estranhos por mais de 10 minutos.

Em uma festa dançante há cinco anos, a música estava tão alta que uma mulher que eu acabara de conhecer sugeriu que achássemos um lugar mais sossegado para conversar, e o único lugar que achamos foi um quarto, em que ficamos de porta aberta. Mas, após 30 minutos, ela começou a ficar preocupada que Rosa aparecesse ali enciumada a qualquer momento.

Passados 40 minutos, eu não conseguia mais conter seu nervosismo. Então, contei a ela sobre nosso acordo tácito e acrescentei que ainda tínhamos alguns minutos. Talvez por causa do quarto, um minuto depois, apareceu Rosa.

Sem olhar para a desconhecida, disse, "Querido, vamos dançar?" Minha previsão de que ela apareceria naquele momento, fazendo aquele convite, provocou gargalhadas em mim e na desconhecida. Mais tarde, expliquei a Rosa sobre o motivo dos risos e pensei que nosso acordo funcionava muito bem. Nos últimos anos, nossa confiança cresceu tanto que, hoje em dia, nas festas, nosso único acordo é nos divertirmos.

4 de janeiro de 2011

# Uma química nada cósmica

Dois amigos, padrastos por quase uma década, têm a mesma reclamação: a relação com seus enteados não satisfaz. "Não há química", diz um. Quando viraram padrastos, as esposas rezaram por uma convivência pacífica com os filhos. Mas meus amigos queriam laços mais paternais durante a viagem transpantaneira chamada adolescência. Para isso, tentaram tudo, de bate-papos a saídas, sem sucesso.

Um reclama que o enteado só fala de esportes, o assunto de que menos gosta. O outro resmunga que os enteados se recusam a discutir filmes que veem juntos. Ambos sabem que muitos adolescentes veem os padrastos não como pessoas interessantes, mas como figuras de autoridade com quem têm só uma coisa em comum, a mãe. Sabem também que forçar os limites estabelecidos por aqueles que querem conquistar não funciona. Mas meu conselho só os afunda mais na fossa. "Seja paciente", digo, "essa química não é nada cósmica e raramente é imediata. Pode levar muito mais tempo para surgir do que imagina, ou nunca aparecer."

Quando comecei a conviver com meus enteados adolescentes, 16 anos atrás, nossa química foi, para mim, uma dolorosa e lenta reação em cadeia. Começou com diálogos que soavam como debates. Um deles — que ninguém venceu — ocorreu quando, depois de passar dois anos lavando louça, pedi que passassem a ajudar. Meu argumento: eu cansara de ser empregado deles. Sua réplica: um padrasto não tem o direito de mudar a divisão de trabalho em um lar brasileiro, no qual pais ou empregados fazem tudo. Então, a mãe deles, que rezava por uma convivência pacífica, começou a lavar a louça.

Depois que esses reizinhos entraram na faculdade, nossos diálogos ficaram menos contenciosos. Meu enteado, um pianista, trocava ideias comigo, mas quase sempre sobre música. Eu e minha enteada, que fez psicologia, batemos papos sobre tópicos variados, mas nunca por tanto tempo quanto eu gostaria. Se começo uma história rica em detalhes, diz: "Conte a versão resumida." Mas aceitei esses limites e torci para que fossem ainda mais relaxados.

Com meu enteado, a virada aconteceu quando uma espinha de salmão ficou presa em sua garganta. Eu o levei ao pronto-socorro, e o médico, procurando com longa pinça, não achou nada. Disse: "O que seu filho sente estava lá, mas saiu. A sensação é imaginária." Mas a expressão de desconforto dele era real. Recusei a aceitar o diagnóstico e pedi que tentasse de novo. Ele extraiu uma espinha de cinco centímetros.

Minha intervenção melhorou a química entre nós. A mesma reação catalítica aconteceu quando me ofereci para ajudar minha enteada, então com 29 anos, a pagar o aluguel de seu primeiro apartamento porque ambos sabíamos que era hora de sair do ninho. Dei aos dois o que a maioria dos enteados quer de um padrasto: uma rede, a sensação de que, se começarem a cair ou tentarem voar, estarei lá, se necessário, para pegá-los. Eles também me proporcionaram uma rede. Chama-se família.

17 de julho de 2008

# Estranho no ninho

Desde que o câncer levou minha mãe, quando eu tinha 10 anos, sempre me senti um hóspede em minha própria casa. Meu pai tinha que trabalhar noite e dia para pagar pelas operações dela e pela governanta que morava conosco e cuidava de mim e de meus dois irmãos mais novos depois de sua morte. Já que papai chegava quando estávamos dormindo, perder a mamãe foi um pouco como perdê-lo também. De estalo, o vácuo criado pela ausência deles foi preenchido pela presença de alienígenas imponentes que pareciam se materializar do nada — o pior pesadelo de uma criança.

Eu reagia a essas invasivas figuras de autoridade me rebelando. Meus motins incessantes criavam um reino de terror: a governanta mandava oficialmente no reino, e eu entrava com o terror. Isso explica as dez governantas diferentes até eu sair de casa para a faculdade aos 18 anos. Algumas vinham em par (a governanta e o marido-governador). Algumas vinham com namorados, cuja sedução embriagada no sofá da sala de estar eu interrompia quando voltava da escola. Quando você se sente um intruso na sua própria casa, ela deixa de ser um lar.

Por quase duas décadas depois de sair de casa, vivi quase sempre sozinho em apartamentos alugados — carcaças de casas. Minha partida dos Estados Unidos para o Brasil só aumentou minha sensação de desterro. E, apesar de o Brasil se tornar lentamente meu lar adotivo, tenho sido um hóspede aqui. Renovar meu visto de jornalista a cada quatro anos tem trazido novas condições e complicações. Os Estados Unidos são o único lugar cujas portas são incondicionalmente abertas para mim. Existe uma definição melhor para "lar"?

Eu também me sinto hóspede em meu lar adotivo porque, apesar de os brasileiros terem feito com que me sentisse bem-vindo, para eles, sempre serei um gringo. Sou forasteiro até em minha própria família. Há 15 anos, fui morar com uma piauiense e seus dois filhos adolescentes, me tornando parte da família graças a uma série de conquistas afetivas similares àquelas vividas por filhos adotivos.

Como uma criança adotada, sempre me sinto o membro periférico da minha família. Por anos, meu enteado me chamou de "o jardineiro", e dizia que minha casa era meu escritório, um apartamento próximo. Ele e minha enteada ainda me veem apenas como marido da mãe, do mesmo modo que eu via as governantas como pessoas que serviam a meu pai, e não a mim. Embora, com o passar dos anos, eles tenham me feito sentir em casa, todos sabemos que moro ali condicionalmente, só porque a mãe deles mora.

Quando ambos saírem de casa, eu e a mãe deles vamos sentir muita falta do que hoje a torna um lar — o piano dele tocando, as novidades dela, e o fato de só os dois saberem operar o controle remoto. Mas um lar é um arranjo fluido e nada democrático. Pergunte a qualquer pai forçado pelo divórcio a deixá-lo. Em 2005, o furacão Katrina forçou a maioria de suas vítimas a viver com parentes em outras cidades americanas. Mas ser hóspede é bem diferente de se sentir como um. Eu tenho um lar, não importa o quão periférico e precário meu lugar nele possa parecer.

23 de agosto de 2007

# 48 anos depois

As relações continuam e até melhoram ou pioram muito depois de a morte aparentemente ter determinado seu fim. O falecimento de um pai dominador pode libertar seu filho dependente de seu controle, pôr fim às brigas e permitir que ele veja as qualidades mais nobres do pai — o que pode aproximá-los. A morte de uma mãe nada maternal pode fazer com que a jovem filha negligenciada se sinta inteiramente abandonada — o que pode afastar ainda mais as duas.

Eu me aproximei mais da minha mãe, levada por um câncer quando eu tinha 10 anos, depois de visitar recentemente seu túmulo pela primeira vez. Eu havia voltado à minha cidade natal, St. Louis, Missouri, para outro tipo de reunião — com centenas de colegas de classe, um ritual que ocorre a cada década. Eu já tinha ido a três delas. Em minha quarta, vi que era hora de também visitar minha mãe.

Aos 10 anos, eu estava traumatizado demais para ir ao enterro e, desde então, minha aversão a lembranças tristes me impedia de visitar seu túmulo. Mas, enfim, aos 58, uma voz interior me encorajava a ir. Então, antes de viajar a St. Louis, pesquisei no Google o nome do cemitério para poder ligar e saber o horário de visita.

No site, havia um link chamado "Encontre um túmulo". Então, cliquei e digitei o nome da minha mãe no espaço de busca. Na tela, apareceram as palavras "Kepp, Lillian" e a localização do túmulo: fila 76A. Aquela descoberta me fez sentir que mamãe estava, de algum modo, ainda aqui, mesmo que apenas como parte de um mundo virtual.

Sua lápide, uma pedra alta e delgada de mármore, elevando-se acima das outras à sua volta, era o vestígio de sua presença no mundo real. A imagem me emocionou tanto que abracei a lápide, como se fosse seu corpo, e comecei a chorar. Era mais um lamento alto, angustiante e lacrimoso do que um choro. Minha mulher, que foi comigo ao cemitério, nunca tinha visto ou ouvido tamanha emoção, e se surpreendeu que eu fosse capaz daquilo. Eu também.

Velórios nos quais se vê o rosto do morto ajudam alguns a confirmar que alguém que amam deixou este mundo. O túmulo de minha mãe, como seu nome na internet, confirmou para mim que um traço dela ainda existia neste mundo. Eu sou prova viva de sua passagem por aqui. Mas o óbvio é fácil de esquecer. E as lágrimas que verti em seu túmulo — prova do quanto ainda sinto sua falta — me lembraram de nossa ligação e a fortaleceram ainda mais.

Assim como a outra reunião... Nela, um amigo do primário lembrou da vez que mamãe nos levou para patinar, apesar de estar muito doente. Estava tão fraca que caiu, tentando se levantar de patins, e tivemos de ajudá-la até o carro. "Por você, ela faria tudo", meu amigo me falou.

Aquela conversa e minha visita ao cemitério me fizeram ver por que fui à reunião da escola. Alguns vão a esses rituais para comparar seus sucessos — sejam profissionais, conjugais ou físicos (um rosto/corpo ainda jovem). Outros procuram algo que perderam. Outros vão porque valorizam seu passado, mesmo sem saber por quê. E às vezes não descobrem até o encontro terminar.

11 de dezembro de 2008

# Uma culpa que nunca passou

Quando tinha 21 anos, trabalhei como barman numa boate para solteiros em Chicago. Lá, a regra era não deixar o freguês ficar bêbado demais, pra não criar problemas. Quando um barman via um freguês exagerando na dose, gritava para outro barman: "86!" E o cliente não seria mais servido. Era um código comum entre todos os barmen de Chicago.

Uma vez, servi um freguês que, a cada dose de uísque, aumentava minha gorjeta. O engraçado era que ele não parecia ficar bêbado demais, ou talvez a gorjeta me desse essa impressão. Quando servi a quinta dose ele me deu uma gorjeta de U$10 — o triplo do preço do drink. Mas, quando ele pediu a sexta dose, eu disse o que deveria ter dito quando as gorjetas começaram a ficar exageradas: "Amigo, lamento dizer, mas não posso mais servir a você."

Ele foi para o outro lado do bar. E eu: "86!" Os outros barmen também se recusaram a servir-lhe. Mas ele ficou no bar mesmo assim, bebericando o último uísque que eu tinha servido.

Ele se aproximou de uma garota bonita. Não era a primeira que ele tinha paquerado naquela noite. Quando esteve do meu lado do bar, já tinha tentado se aproximar de outra. Mas as cantadas dele eram péssimas. Só que, dessa vez, a garota começou a zombar dele: "Você sabe o que dizer para uma mulher... para ela se sentir entediada." Mais algumas dessas tiradas sarcásticas e ela resolveu sair do bar com seu drink. Mas, antes que se fosse, o cara sacou uma pistola e deu três tiros nela.

A boate estava lotada. Todo mundo correu para a parede mais próxima. Parecia o Mar Vermelho se abrindo no filme *Os Dez Mandamentos*. A correria abriu um espaço vazio onde ficaram somente a garota caída no chão e o cara com a arma. Então, um segurança e um barman pularam em cima dele e o desarmaram. A garota morreu na hora. O barman virou herói e conseguiu os números de telefone de uma dúzia de garotas querendo agradecer a ele pessoalmente.

Depois que a polícia e a ambulância foram embora, o bar fechou. Eu e os outros barmen fomos para o bar do outro lado da rua para esquecer o que tinha acontecido. Lá, por acaso, fiquei sentado ao lado de um freguês a quem eu tinha servido horas antes. Ele talvez tenha sido o único que viu o cara me dando as gorjetas. E ele me perguntou: "Ganhou muita grana hoje à noite, não foi? E agora, como está se sentindo?" Mandei-lhe uma careta e pensei: "Não preciso que me faça sentir mais culpado." Daí, fui beber do outro lado do bar. Até eu exagerei na dose, e um barman que eu conhecia falou: "Mike, você é um '86' aqui. Volte para casa."

Paguei a conta de U$30 com as gorjetas que o assassino tinha me dado. Andei horas por ruas desertas até chegar em casa. Mas não consegui dormir por causa de um pensamento que até hoje me acompanha: Quem paga o preço de nossos erros nem sempre somos nós.

Crônica inédita
Maio de 2010

# A surpresa da separação

Se a idade traz sabedoria, por que as relações com pessoas chegadas, que eu achava conhecer bem, continuam a me surpreender, em geral, da maneira mais desagradável? Apesar de ser razoavelmente observador, ainda fico chocado quando o que pensava ser uma conexão de corações se transforma em uma colisão de carros. Enquanto olho para os destroços através do para-brisa quebrado, faço a pergunta culposa: "Isso não foi acidente. Por que não notei?"

Credito esse lapso de observação, em parte, à "suspensão da descrença". O termo descreve a disposição do leitor ou espectador de suspender a lógica e ignorar grandes ou pequenas inconsistências para desfrutar de um trabalho de ficção, como um romance ou filme, e aceitá-lo como plausível. Mas também já me rendi a essa sedução na vida real. Me permite ignorar sinais de incompatibilidade para desfrutar de amizades e casamentos e aceitá-los como viáveis.

A suspensão da descrença explica por que fui pego de surpresa quando minha primeira companheira disse que ia me deixar porque não me amava mais. Aos 25 anos, ingenuamente perguntei: "Quando soube que nossa relação não dava mais certo?" E recebi a resposta brutal: "Quase desde o início." Aquele nocaute me fez perceber o que eu me recusava a ver — quase desde o início: que formávamos uma dupla desastrosa. Se eu tivesse mantido minhas faculdades críticas, não teria me envolvido e evitaria muita dor, mas também não teria me apaixonado.

O fim de amizades que achava que durariam para sempre também me deixou de queixo caído. Em alguns casos, o clima foi envenenado por palavras farpadas de esposas ciumentas. E eu me recusei a encarar essas intrigas ou as mudanças que transformaram um de nós ou ambos ao longo do tempo. Então, um momento revelador, geralmente uma briga, exalta essas mutações, tornando-as impossíveis de ignorar. E os amigos não têm os rituais conjugais — as ameaças vazias de sair de casa, as flores para fazer as pazes, as promessas de ver um terapeuta — que os casais usam para terminar brigas amargas.

Então, eu e vários amigos tivemos de achar outros modos de fazer isso. E tivemos de investir mais, e não menos, um no outro. Também tivemos de enterrar recriminações que, no entanto, ainda vivem lá, esperando ser desenterradas. Como meu casamento de 13 anos, nem mesmo o melhor ou mais velho amigo vem com garantias. Ou, como disse Millôr: "O ruim das amizades eternas são os rompimentos definitivos."

Mudanças pessoais e suspensão da descrença continuam a me deixar vulnerável a finais inesperados. E, aos 55 anos, a idade ainda não me ensinou a prevê-los, e tornou a recuperação mais difícil. Mas a idade me ensinou a ser mais cuidadoso em relação a quem deixo entrar em minha vida, e mais seguro sobre quem deixo sair. Mais maduro, desisti de algumas amizades a que, mais jovem, eu teria dado uma última chance. Sinto essas perdas profundas sem me arrepender delas.

Ainda sou vulnerável, mas a menos gente. E eu valorizo essas pessoas — minha família e meus amigos — sobre todas as coisas. Sem elas, quem faria companhia a meus passos e pensamentos? Quem iria não só compartilhar minha vida, mas ser testemunha dela e dizer quem fui e para que contribuí?

Comunidade é para mim uma necessidade. Lembro de um personagem de Woody Allen em seu filme *Noivo neurótico, noiva nervosa*, que conta uma piada sobre um cara que fala ao psiquiatra: "Doutor, meu irmão é louco, ele acha que é uma galinha." O médico responde: "Por que não o interna?" E o cara diz: "Internaria, mas preciso dos ovos." Eu sou aquele cara; preciso dos ovos.

19 de janeiro de 2006

# Amigas do peito

Homens brasileiros que têm amigas do peito geralmente enfrentam parceiras que suspeitam que eles não encontraram amigas, mas sim peitos. Mulheres brasileiras que têm amigos do sexo oposto têm parceiros que cultivam a mesma desconfiança. Quanto mais machista a sociedade, mais esses preconceitos proliferam.

Nos Estados Unidos, uma cultura menos machista, a amizade entre homens e mulheres é comum há décadas e base das séries de TV mais assistidas, de *Seinfeld* a *Friends*. No Brasil, essas amizades são raras. Nos dois países, valorizo minhas amigas do peito porque são transparentes em relação aos seus sentimentos, ao contrário da maioria dos homens. Além disso, os dois sexos têm pontos de vista tão distantes que parecem pertencer a espécies diferentes. Logo, ter um amigo do sexo oposto proporciona uma visão de como a outra metade do planeta pensa.

Minhas amizades com mulheres nunca se tornam românticas — não porque o sexo as sabotaria nem porque minhas amigas não sejam atraentes, mas porque sua química não é sexual. O ditado "não há amizade entre homem e mulher se ela for muito bonita... só se ela for muito feia" é um mito machista.

Os maridos de minhas amigas não desconfiam de nossa camaradagem porque nós não fazemos nada para levantar suspeitas. Por exemplo, saímos para almoçar, e não para jantar. Minhas amigas não ameaçam minha mulher porque ela as conhece. Ficar amigo de uma mulher que minha mulher não conhece seria mais complicado, deixaria muito para a imaginação dela. Dizer a ela que eu e minha nova amiga nos damos superbem e que não rola nada seria tão tranquilizador quanto mostrar uma camisinha fechada na carteira.

Com meus amigos do peito, eu tenho uma intimidade diferente. No passado, fortalecemos nossos laços com rituais que eu não poderia facilmente praticar com mulheres — como ir a bares paquerar e, depois de umas cervejas, tirar água do joelho juntos. Mesmo hoje, nossa cumplicidade é marcada por comportamentos que apenas membros do mesmo sexo compartilham.

Por exemplo, uma vez um técnico me preparou para um raio X intestinal, injetando contraste e bombeando ar para o meu cólon, já esvaziado por jejum e uma lavagem intestinal. Só que ele não me avisou que, depois da radiografia, o ar iria lentamente vazar, como de um balão mal amarrado.

Aquele vazamento, acompanhado de um incessante som característico, começou depois que eu e um amigo que me acompanhava pegamos um táxi. E o taxista se recusava a acreditar que meu suspiro sem fim não ofenderia seu olfato.

Enquanto eu freneticamente tentava tranquilizá-lo, o som das gargalhadas do meu amigo também encheu o táxi, aliviando a tensão. Se estivesse com uma amiga, o carro só se encheria de ainda mais constrangimento.

6 de julho de 2006

# Um fascínio sem fim

O que me impressiona nos papagaios não é sua inteligência. Ao contrário de chimpanzés, golfinhos e elefantes, eles não se reconhecem no espelho. Conseguem vocalizar porque têm complexos órgãos vocais que outras aves não têm. Se papagaios soubessem o que dizem, eu ficaria impressionado. Meu papagaio costumava cantar o sucesso da Xuxa "Ilariê, ô, ô, ô" — só que misturava os versos.

O mais incrível é sua fascinação comigo. Não vejo seu comportamento pela lente do meu ego inflado. Estamos juntos há 25 anos, e ela ainda quer saber tudo sobre mim. Não é algo que possa afirmar sobre os cães e gatos que já tive — nem mesmo sobre a mulher com quem estou há 18 anos.

Meu papagaio é superapegado a mim pois os membros da família *Psittacidae* criam laços duradouros e monogâmicos, inclusive com seus donos, mesmo depois da morte. Se um membro do casal morre, o sobrevivente não procurará outro parceiro. Se eu morrer primeiro, minha mulher vai me achar tão insubstituível?

Ela e minha parceira emplumada, fêmeas num triângulo amoroso, compartilham um ciúme doentio que deixava danos físicos. Minha mulher tem cicatrizes para provar, chama sua inimiga de "aquela galinha verde" e ameaça pôr em prática sua receita alternativa de frango ao molho pardo.

Então, mantenho a parceira (mais) perigosa no escritório. Ela atacava tantas mulheres que considerava rivais, incluindo a empregada, que eu a xingava. Por isso, um desses palavrões, que prefiro abreviar como "F", virou seu nome. Mas hoje eu o pronuncio com carinho.

Quem cunhou a expressão "livre como um pássaro" não os conhecia. Mesmo os protegidos por gaiolas têm o instinto de sobrevivência que fixa sua atenção em qualquer som ou movimento novo. A cabeça esquadrinha sem parar; os olhos e ouvidos quase nunca descansam.

Faço a maioria dos sons e movimentos no mundo da "F". Eles a hipnotizam na mesma medida que outros pássaros se alvoroçam com o amanhecer. De seu poleiro no meu ombro, me vê trabalhar no computador. Ela chega lá usando o bico para escalar minha calça e a frente da camisa. Mesmo tendo estudado meus hábitos de trabalho a vida toda, "F" ainda segue minha mão quando a estico para atender ao telefone e eriça as penas quando agitada pelo meu cantarolar.

O ápice de seu dia é minha chuveirada de fim da tarde, que ela supervisiona, escalando a cortina do boxe e se empoleirando na barra. Esta *voyeur* vira participante quando, ao me secar, estalo a toalha como um chicote. Sua réplica: um desafiante bater de asas para mostrar que não se intimida. Se faço uma dança sedutora, com a toalha no lugar de um véu árabe, "F" se arrepia toda e balança freneticamente a cabeça, como quem diz: "Está me deixando doidérrima!" Quando paro de dançar, grita, como se dissesse: "Mais, pô! Muuuito mais!"

A fascinação da "F" comigo é sem fim. Fora isso, entretanto, age como minha mulher. "F" me dá mais atenção do que eu a ela, ignora meus hábitos irritantes (como botá-la na gaiola à noite) e premia comportamentos de que gosta. "F" me dá um beijo — sua língua cutuca meus lábios — depois da dança árabe. Se "F" pudesse falar com minha mulher, suspeito que trocariam dicas de como treinar o animal com quem vivem.

Crônica inédita
Janeiro de 2011

# Soltando as feras

Nossas interações com animais, breves ou superficiais, podem influenciar a maneira como os outros nos veem. Uma mulher pode ser seduzida pela maneira sensual com a qual um homem acaricia o gato dela. Ou, quando é muito devotada aos animais, pode tomar chá de sumiço se o namorado revelar que seu hobby favorito é a caçada. A imagem que o filho tem do pai pode brilhar mais forte se ele parar o carro e levar um vira-lata atropelado para o veterinário.

Anos atrás, a imagem que Rosa, minha mulher, tinha de mim ganhou novas cores durante uma caminhada a uma cachoeira da floresta da Tijuca. Erramos o caminho e fomos parar nos quintais de cariocas ricos. Logo que vimos a primeira casa, ainda à distância, dois pastores alemães e um vira-lata menor começaram a latir e correr em nossa direção. Enquanto corríamos, eles ganhavam terreno.

Então, peguei um galho longo e pesado. Enquanto os cães — dentes arreganhados, deixando claras as perigosas intenções — chegavam perto, gritei para Rosa que me passasse. Então, quando eu já sentia o bafo do vira-lata na minha batata da perna, parei, virei e, meio desengonçado, segurei o galho como se fosse uma baioneta, soltando um urro que me deixou sem fala por duas semanas. O animal em mim havia sido liberado.

Essa transformação me surpreendeu, já que nunca demonstrara nenhum traço desse tipo de coragem. Também fez com que nossos perseguidores parassem com a cara de "o que é isso?" Convencidos de que eu era estranho e imprevisível demais, soltaram mais uns uivos e deram meia-volta. Na cachoeira, Rosa me apertou forte e manteve o abraço por muito tempo. Foi a primeira vez que me senti um anjo da guarda.

Senti isso de novo apenas uma vez. Um mico-estrela bebê caiu do colo da mãe na calçada em frente ao meu escritório, provavelmente quando ela corria por um cabo telefônico. O bebê, que fugiu para o pátio interno do apartamento no subsolo do meu prédio, começou a gritar por ajuda. Mas os pais, empoleirados no cabo, tinham medo do salvamento, que os levaria até o chão. Afinal, com que frequência vemos micos nas calçadas? Então, passaram a gritar por ajuda também. E eu pareço ter sido o único a decifrar esse drama familiar.

Mas o que me levou ao subsolo — o animal ou o humano em mim, ou ambos? Com a ajuda do porteiro, joguei um cobertor sobre a criatura traumatizada e a levei para a floresta do outro lado da rua. Logo que abri o cobertor, o bebê subiu como um raio por uma árvore, enquanto os pais corriam para o abraço.

O porteiro nunca tinha ido muito com a minha cara porque, ao contrário de outros moradores, eu não lhe dava presente de Natal. Para mim, o 13° salário bastava. Também não era o favorito dos seguranças da rua porque me recusava a pagar por seus serviços.

Mas, quando o meu porteiro contou a eles e aos outros porteiros da rua sobre o salvamento, gente que nunca tinha me dado "oi" (e vice-versa) passou a me cumprimentar. Talvez tenham visto que um cara disposto a ajudar um mico desamparado não podia ser tão ruim assim.

18 de setembro de 2008

# O verdadeiro supersincero

Meus amigos dizem que o *Fantástico* deve ter se inspirado em mim para criar o quadro O Supersincero. Juram que o Luiz Fernando Guimarães, que vive o Salgado, um homem que fala as piores verdades à queima-roupa, é minha alma gêmea. Mas há grandes diferenças entre nós. O Salgado pede que os convidados levem presentes para suas festas de aniversário. Eu também, mas digo que estou brincando.

Normalmente, porém, não minto. Meu DNA americano me tornou superdireto e tem me criado dificuldades na hora de me abrasileirar, ser mais delicado. Sei que, quando a pessoa pede minha opinião sobre um assunto pessoal — seu talento, trabalho mais recente ou aparência —, quase sempre quer um elogio incondicional. Mas raramente consigo elogiar sem reservas se não for merecido. Até comentários positivos, que qualifico com um "mas" — uma conjunção desconcertante —, podem abalar o ego. Então, ao contrário de Salgado, a mágoa que causo não é fictícia.

Uma vez, quando um conhecido carioca me convidou para ouvi-lo cantar em uma boate, veio à minha mesa depois do show. Mas, em vez de perguntar se eu tinha gostado — e eu estava preparado para um sincero "foi maravilhoso!" —, perguntou o que eu tinha achado de sua pronúncia no clássico americano "Bewitched, Bothered, and Bewildered". A letra é foneticamente difícil, e a dicção dele deixou muito a desejar. Mas, numa tentativa de ser minimamente sincero, sem magoá-lo, disse que a pronúncia fora "razoável". "Ra-zo-á-vel!", repetiu, como se eu o tivesse esfaqueado no coração.

"Razoável" significa "acima do medíocre", e quem quer um elogio não o encontra nesta avaliação. E, apesar de eu ter dado à palavra fatal uma entonação positiva, o conhecido carioca ficou com a impressão (correta) de que sua pronúncia estava longe de ser boa. Eu poderia ter dito "puxa, você me surpreendeu!" ou, melhor ainda, "nunca ouvi nada igual!", o que seria verdade. A dicção foi pior do que eu podia imaginar. Mas quando esta réplica perfeita — uma verdade que não iria magoá-lo — chegou à minha boca, o momento de usá-la já tinha passado.

Tento não magoar as pessoas com críticas porque já senti a ferroada. Uma vez, depois de ter presenteado alguém que quase não conhecia com meu primeiro livro de crônicas, perguntei se tinha gostado. Sua resposta: "Algumas das crônicas me agradaram." "Algumas", pausei, meio pasmo, "das 52 crônicas no livro?" Uma verdade que não me magoaria, "minhas crônicas favoritas foram...", para ele seria inimaginável. Eu havia conhecido alguém mais parecido com o Salgado do que eu.

Ao contrário do Salgado, que afasta todo mundo, posso ser tão insincero quanto a maioria dos seres humanos, para preservar as relações mais próximas. Se um amigo(a) me dá um presente de que não gosto, digo "Legal!" Se faz um prato insosso, digo "Uma delícia!" Uma vez, admirado com a nova cor de cabelo da minha namorada vaidosa, fiquei calado. Mas, antes de sair, ela deu aquela voltinha e perguntou. "Como estou?" A resposta que dei — a única que ela queria ouvir — foi "Está maravilhosa!"

3 de abril de 2008

# Os melhores presentes

O gesto por trás de um presente é o que ele tem de melhor. Comprar flores para sua companheira sem motivo especial é comovente porque o gesto é espontâneo. Recentemente, saindo de um cineplex em um shopping, minha mulher e eu passamos por uma loja e um casaquinho de lã fina na vitrine atraiu sua atenção, uma reação rara. Sugeri que experimentasse. Seu rosto se iluminou ao fazê-lo. O casaquinho não foi meu melhor presente, e sim o fato de que observei e percebi o quanto ela o queria.

Sou mal visto por trocar presentes de aniversário que os amigos me dão, especialmente CDs, DVDs e livros. Mas não os troco se o amigo diz "comprei porque é sua cara". Uma vez, uma amiga ganhou um cisne branco de porcelana, e a pessoa que o deu disse: "Para mim, você é um cisne branco." São frases como essas que personalizam um presente. Trocá-lo seria desprezar o gesto.

Certa vez, porém, uma amiga me presenteou com um romance sobre o submundo do crime carioca. E porque ela não tinha escolhido meu gênero literário favorito, ou explicado a escolha, troquei o livro. Quando ela perguntou se eu tinha gostado do livro, confessei, porque não queria me ver apanhado numa mentira. E ela se zangou. A irritação desvalorizou o presente, porque revelou que ele vinha com uma condição oculta: a expectativa de que eu o lesse.

Amigos que sabem que costumo trocar presentes como livros, CDs e DVDs fazem escolhas mais inventivas ou pessoais, como artesanato, e eu nunca os troco. Ou vinho, que eu bebo sempre. E a maioria dos amigos que ainda me dão CDs, DVDs e livros diz: "Pode trocar." O gesto valoriza o presente ao me permitir liberdade de escolha. Afinal, por que ficar com o DVD de um filme a que já assisti ou o CD de um sambista que não ouço?

Ainda assim, há quem pense que trocar um presente é um insulto. Um exemplo é o episódio de *Friends* no qual Ross se enfurece ao descobrir que Rachel trocou um colar que ele lhe havia dado. Rachel se defende exibindo uma caixa de objetos que guardou porque cada um deles dizia algo sobre Ross. Um dos objetos é a casca do primeiro ovo que ele fritou para ela, um gesto carinhoso que ela valorizou.

Ross se desculpa porque percebe que o que ela preza nele são os gestos que o tornam especial. Às vezes, esses gestos se materializam como presentes. Às vezes, tomam a forma de objetos, por exemplo cascas de ovo, guardados como lembranças preciosas.

1º de março de 2011

# Que conselho!

Quase ninguém ouve meus conselhos. Por quê? Talvez porque, quase sempre, eles não tenham sido solicitados. A maioria também acha que são cheios de clichês, ingênuos ou desagradáveis demais. Os poucos que os ouvem fazem com que eu me sinta útil e respeitado — pelo menos até se arrependerem de tê-los ouvido e reclamarem dos danos que causaram. Em suma, dar conselhos me deixa sentindo-me melhor que a pessoa que os recebe, mas só temporariamente. É como a sensação de tomar anfetamina: euforia seguida de depressão.

Nas raras ocasiões em que alguém pede um conselho meu e o ignora, eu me lembro de que a maioria nos pede opinião para ter opções, que então rejeitam. A voz interior de cada um fala mais alto. Então, quando uma pessoa me diz "Este é o meu problema, e isto é o que acho que devo fazer. O que acha?", eu repito como conselho o que ela sugeriu. E, geralmente, ela o aceita e adora.

Também aprendi a seguir o ditado: "Em briga de marido e mulher, não se mete a colher." Casais em crise canibalizam quem dá conselhos. Uma vez, um amigo malcasado e infiel havia anos me perguntou o que fazer. Sugeri o divórcio. Depois de rejeitar a sugestão, o que não foi surpresa, contou à mulher o que eu havia sugerido. Ela o proibiu de me ver de novo.

Outra vez, depois de eu ter apresentado dois amigos que se casaram, a mulher me perguntou se deveria deixar o marido, que vivia drogado e desempregado. Eu lhe disse que "casamento é trabalho duro". Ela descobriu que ele era viciado em heroína, mas não antes de ele limpar toda a poupança que tinham e sumir, assim como minha amizade com ela.

Quando eram adolescentes, meus enteados me frustravam porque jovens detestam receber dicas de adultos, especialmente do padrasto. Das poucas vezes em que lhes dei algum conselho, eles me lembraram de que não era eu o pai deles. Meu único consolo: também não ouviram o conselho dele.

Amigos desconsolados que querem um ombro para chorar também me frustram. Apesar de ser o rei de conselhos ignorados, prefiro resolver problemas a escutá-los. Quando o lamento de um amigo segue *ad nauseam*, eu o silencio com uma solução simplista. Quando não me vem nenhuma à mente, pergunto a ele se tem uma solução, só para mudar seu "samba de uma nota só".

Ouvir passivamente as desgraças alheias fascina algumas pessoas, mas a mim deprime. Sinto-me um *voyeur* quando leio cartas angustiadas a colunistas que respondem às dúvidas amorosas dos leitores. Acho essas cartas e conselhos de mau gosto porque, como a pornografia, representam a performance pública de algo que deveria ser particular.

Quando alguém ignora um conselho meu, penso no ditado: "Conselho e café toma quem quer." Quando o critica, devolvo o ditado: "Se conselho fosse bom, não se dava, vendia." E, quando me culpa pelos estragos, lembro que aceitá-lo foi escolha dele. Então, aqui vai uma dica: só ofereça conselhos se estiver preparado para as consequências. Mas, se decidir não me ouvir, bem-vindo ao clube.

29 de outubro de 2009

# Ciberstatus

Quando conheço alguém que lê ou talvez queira ler minhas crônicas, coloco essas pessoas numa lista de *e-mails* para que as recebam no dia em que aparecem na *Folha*. Recentemente, esbarrei num advogado que eu adicionara à lista seis meses atrás, quando nos conhecemos numa festa. Apesar de ele gostar de minhas crônicas, o que realmente o impressionou foi eu estar na cibercompanhia de Luis Fernando Verissimo, Arnaldo Jabor, Ruy Castro e Roberto DaMatta, que também estão na minha lista. Foi quando vi que não estava apenas mandando crônicas às pessoas, mas também a ilusão de que pertenciam a um seleto clube que, na verdade, não existe.

Criei essa ilusão colocando um grupo — uma lista de 148 nomes — no campo "Para:", do meu *e-mail* e mandando a todos. Enviando crônicas em massa assim, nunca imaginei que estar na lista aumentaria a autoestima do destinatário ou o meu prestígio. Mas amigos que questionei depois das revelações do advogado também se disseram impressionados com todas as "joias" literárias na lista.

Então, minha lista de *e-mails*, criada só para atrair mais leitores, acabou me trazendo status, algo que nunca procurei. É a diferença entre querer reconhecimento e querer galgar alguma arbitrária escada social até estar em companhia estelar. Entretanto, descobri que muita gente usa listas de *e-mails* cravejadas de nomes famosos como símbolos de status, tanto que o escritor americano David Brooks diz que funcionam como "o 'Quem É Quem' da era da informação". Estar em uma dessas listas privilegiadas dá a gente menos estelar uma carona.

Se isso é verdade, a carona que o advogado ganhou foi enganosa, já que não conheço Verissimo, Jabor, Castro nem DaMatta. São simplesmente cronistas cujo trabalho admiro, cujos *e-mails* consegui com as editoras e cuja permissão obtive (via *e-mail*) para mandar minhas crônicas. Então, as únicas coisas em comum entre o advogado e esses escritores são o sexo, a pátria e o fato de serem vítimas do meu desejo desenfreado de alcançar uma plateia maior.

Então, fiz o que devia para proteger a privacidade das pessoas na lista, especialmente a dos mais conhecidos. Afinal, qualquer um que receba minhas crônicas pode descobrir o *e-mail* de outro destinatário simplesmente clicando no nome. Agora, eu coloco apenas o meu nome no campo "Para:" e meu grupo de 148 nomes é incluído no campo "Cco:" (cópia oculta), logo embaixo. Assim, o único nome visível (e o único *e-mail* disponível) a todos é o meu.

Desde que me dei conta das repercussões de meu método de envio de crônicas, comecei a pensar se alguém na lista as estaria lendo por pensar que gente como Verissimo, Jabor,

Castro e DaMatta também as lia. Se for isso, talvez eu devesse ter mantido o método e adicionado à lista o nome de Chico Buarque (em letras garrafais), junto a um *e-mail* inventado, para atrair mais leitores do sexo feminino.

Sim, eu me preocupo com meu índice de leitores. Quando pergunto a amigos sobre minhas últimas crônicas, muitos não se lembram se leram ou sobre o que eram. Por isso, minhas crônicas mais recentes são mais provocantes e têm títulos chamativos, como "Minha higiene pessoal não é nada legal" e "Memória de minha puta gratuita". Não, elas não melhoram meu status social. Mas atraem mais leitores. E, afinal, não é isso que qualquer cronista quer?

11 de maio de 2006

# Pesquisando a parede

Jornalistas, como detetives e dramaturgos, tratam o que as pessoas colocam nas paredes — ou qualquer superfície plana — não como objetos, mas como portas para a personalidade delas. Como diz o ditado, "o Diabo está nos detalhes" — assim como a delícia. Então, quando entrevisto alguém para um perfil, meus olhos esquadrinham o ambiente atrás de minúcias que rendem um retrato mais claro e colorido do entrevistado. Esses binóculos embutidos não descansam mesmo quando o resto de mim tenta relaxar.

Um exemplo foi, muitos anos atrás, quando conheci uma feminista californiana numa festa, dei a ela uma carona, e ela me convidou a entrar. Dentro da sua casa, tirei os sapatos (como pedira) e sentei no sofá em frente a uma grande placa que dizia "Agradeço por não fumar". E a mensagem nada sutil me fez imaginar se havia outra placa no banheiro, dizendo "Agradeço por não urinar no chão", e outra no quarto, "Agradeço por me esperar gozar". Essas imagens, reais e imaginadas, me sugeriram que devia dar boa-noite cedo.

Na sala de uma emergente carioca, uma pintura a óleo abstrata — cujas cores e estampas eram idênticas às do sofá em frente — também me deu uma dose cavalar de desconforto, assim como o comentário da dona — de que a encomendara para combinar com o sofá. Um quadro no consultório de um neurologista carioca, especializado em perturbações do sono, também me distanciou do dono.

O óleo mostrava o rosto do médico cercado dos rostos dos quatro Beatles. E eu me perguntei se o quinto Beatle curaria minha insônia ou a agravaria.

Uma vez, um amigo capixaba me levou para conhecer a mãe, de 83 anos. Uma empregada nos guiou ao salão da mansão de paredes nuas, exceto por dois retratos da mãe, dispostos lado a lado, feitos 50 anos antes: uma grande foto dela olhando por sobre o próprio ombro e um desenho dela com um guarda-sol. Esses retratos, disse a ele, revelavam uma mulher linda e elegante. "Mamãe adoraria ouvir isso", disse, confirmando o que os retratos haviam me sugerido. Então, numa sala no segundo andar, enquanto sua ainda bela mãe o abraçava e me olhava, eu disse: "Não me disse que tinha uma irmã mais velha" — o que a conquistou de vez.

Em outra ocasião, fui ver um editor da *Newsweek* a respeito de um emprego. A tendência centrista da revista não combinava comigo, mas era a linha editorial da grande mídia e isso não me impedira de trabalhar como *freelancer* para eles. Mas, ao entrar na sala do editor, dei de cara com uma foto enorme de George H.W. Bush (o primeiro Bush na Casa Branca) e a esposa, ao lado de uma árvore de Natal, com os dizeres: "Feliz Natal, fulano, de George e Barbara."

A mensagem da foto — não questione o poder, respeite e mostre deferência — era difícil de ignorar. Primeiro, vinha de um jornalista. Segundo, cobria quase toda a parede. Então, quando Fulano me ofereceu um emprego de meio expediente nas Filipinas, recusei. Eu não queria trocar o Rio, onde morava, por Manila, e sabia que não tinha futuro na revista. Não estava escrito nas estrelas, mas na parede.

19 de fevereiro de 2009

# As pérolas do meu pai

Meu pai era uma figura cujo charme cômico transformava qualquer reunião em um coro de gargalhadas. Seu lado paterno igualmente cativante destilava o que aprendera na vida em sábios conselhos — óbvios, na maioria. Mas ele tornava tudo memorável, fraseando de forma engraçada. Por quê? O riso, meu ou de qualquer plateia, fazia com que se sentisse amado.

Nos meus 20 anos, eu tinha uma namorada que vivia na fossa. Papai pediu que eu fosse mais seletivo: "Nunca se envolva com uma mulher mais deprimida do que você!"

Quando fiz 30 anos, pedi a ele que, ao menos uma vez, me desse um presente que não fosse dinheiro. À noite, ao chegar, dei de cara com uma velha cadeira de barbeiro na minha sala. Depois, papai veio com um sorriso travesso: "Espero que aprenda a não me pedir mais presente."

Também me deu dinheiro e me disse para não o menosprezar. Afinal, era mais duro de conseguir do que a cadeira. "Dinheiro é só outra forma de energia", disse. E, como não guardava, morreu com pouco no banco. Como ele, um vendedor de lápides me disse: "De que adianta ser o homem mais rico do cemitério?"

Depois que fiz 40 anos, meu pai me visitou no Rio. Em uma festa, cativou amigos cariocas bilíngues, contando histórias reais de suas desventuras sexuais. Numa delas, estava na cama com a namorada quando uma tempestade causou um pico de energia que passou pelo vibrador (ligado à tomada), dando nela um tremendo choque. No dia seguinte, comprou um vibrador a pilha para reconquistar a namorada, ainda traumatizada.

Então descreveu a perua desconhecida, sentada ao lado dele num banquete de casamento, que avançou o sinal, lentamente subindo o pé pela perna dele. Para evitar que chegasse ao alvo, disse: "Devo avisar que uma disfunção sexual me obrigou a implantar uma prótese, e você está quase apertando o botão de inflar."

As duas histórias deixaram meus amigos gargalhando e me fizeram corar. Então, meu pai disse: "Não tenha vergonha do que eu faço ou digo. Tenho muito a ver com quem você é, mas você não tem nada a ver com quem eu sou."

Precisava desse conselho trinta anos antes. Estava num acampamento quando três dos 1.500 escoteiros se afogaram num lago. Meu pai ouviu pelo rádio a notícia das mortes não identificadas e não conseguiu entrar em contato. Dirigiu quatro horas até a tenda principal e mais meia hora por uma trilha escura até a clareira onde minha tropa acampara.

Saiu do carro, veio até a fogueira, piscou para mim (de queixo caído) e trocou umas palavras com o chefe da tropa. Depois, falou sobre o que um filho significa para um pai.

Enquanto todos os olhos se viravam para mim, eu queria me enfiar debaixo da pedra em que me sentara. Depois do desabafo, papai me abraçou e foi para casa. "Por que meu pai tinha de vir aqui?", choraminguei para um amigo. Ele respondeu: "Essa é a questão, seu pai foi o único a vir." Ali a ficha caiu. Papai, sem conselho ou comédia, tinha tomado o caminho mais curto até o meu coração.

12 de outubro de 2010

# Comparações culturais

"Os dois maiores países do continente americano (os Estados Unidos e o Brasil) pedem para ser comparados. Além de enormes, foram colonizados por potências europeias, tiveram grandes populações indígenas, viveram do trabalho escravo e depois atraíram comunidades imensas de imigrantes. Convenhamos, as semelhanças são muitas."

MATTHEW SHIRTS, cronista americano (2010)

"Conhecimento e autoconhecimento são transculturais. Nós nos conhecemos conhecendo outras pessoas, e conhecemos nossa sociedade pelo conhecimento de outras sociedades."

BOB STAM & ELLA SHOHAT, autores do livro *Flagging Patriotism* (2007)

# A CIA e eu

Desde que me mudei para cá, alguns brasileiros reagem à minha nacionalidade americana perguntando se eu trabalho para a CIA. Respondo a essa provocação brincalhona dizendo, "Pô, isso é confidencial!" ou "Não, mas já trabalhei para a C&A".

A provocação não me ofende porque simpatizo com o antiamericanismo que expressa jocosamente. Afinal, a CIA ajudou a derrubar vários líderes eleitos, de João Goulart a Salvador Allende, e distorceu dados para justificar a invasão do Iraque. Os brasileiros quebram o gelo com banalidades antes de perguntar sobre a CIA. Por quê? Pelo mesmo motivo que não perguntam a um desconhecido sua profissão, algo mais pessoal, até conhecê-lo melhor.

Taxistas daqui demonstram a mesma delicadeza, perguntando minha profissão depois de um longo bate-papo. Uma dessas conversas começou num sinal fechado, quando o taxista notou uma moça atraente no carro ao lado e perguntou: "Você comeria ela?" Achei a pergunta vulgar, e disse que era casado. "E daí?", ele disse, "Comeria?". Para acabar com o assunto, falei "comeria". "Com certeza!", ele disse. Mas ele esperou até o fim da corrida para dizer "me desculpe, mas o que você faz na vida?" Para ele, a pergunta sobre minha profissão era mais íntima do que aquela sobre quem me atraía.

Homens de outras classes confirmam esta impressão. Em festas que frequento, é mais fácil fitarem uma moça faceira e dizerem "gostosa, hein?" (que não tem a vulgaridade de um "você comeria ela?") do que perguntarem qual a minha profissão. Nos Estados Unidos, é o contrário. Em festas por lá, a primeira pergunta costuma ser: "Em que você trabalha?" Por quê? Nos Estados Unidos, você é definido principalmente pelo status que sua profissão confere. Raramente se ouvem comentários como "gostosa, hein?", porque são considerados sexistas e politicamente incorretos.

Na França, onde vivi, e na Itália, não existe esse tabu. Recém-conhecidos comparam suas preferências femininas e até suas conquistas, uma característica que define e confere status. Afinal, os franceses se consideram sofisticados sexualmente (são os inventores do termo *ménage à trois*) e chamam os americanos de puritanos.

Os homens brasileiros também se orgulham de suas conquistas — de coroas que posam com suas mulheres-troféus na revista *Caras* a taxistas que se gabam de passageiras que levaram para o motel. E a infidelidade do macho é tão comum aqui que esposas enganadas não sofrem o estigma social que marca maridos traídos. Há um insulto que ofenda tanto a mulher traída quanto o rótulo "corno" ofende ao homem?

Hoje em dia, estou preparado para homens que querem comparar suas preferências femininas ou expressar seu antiamericanismo. Mês passado, em uma festa, um brincalhão disse numa roda de convidados que me apresentava como correspondente estrangeiro para encobrir o que realmente era: agente secreto. Quando todos viraram para mim, disse: "Que ridículo! Sou jornalista há muitos anos." "Desde quando?", perguntou um convidado. "Desde que saí da CIA", respondi.

6 de dezembro de 2007

# Eca-tiqueta

Minhas amigas cariocas não sabem o que é pior: meus hábitos alimentares ou minha higiene depois de comer. Suas sobrancelhas saltam se uso as mãos para consumir um galeto ou um sushi desmoronando no shoyu ou — eca! — se uso palito. Então, eis minha defesa para o que consideram minha falta de boas maneiras à mesa.

Se palitar os dentes em público é gafe, por que há paliteiros nas mesas dos restaurantes, e não nos banheiros, lugar de fio dental e enxaguante bucal? Esposas brasileiras treinam os maridos para não usar o palito dando um psiu ou um pito se eles esticam o braço para pegar um. Algumas não deixam o marido palitar nem que ele cubra o ato com a mão em concha. Minha patroa tolera que eu use um palito desde que não mastigue a metade que não está pendurada para fora da boca. Ninguém é perfeito.

Assim como paliteiros convidam a palitar, pias de porcelana ao lado do balcão de botecos no Rio que servem galeto convidam a traçá-lo com as mãos. A maioria dos cariocas opta por talheres porque foi ensinada a não tocar no que come. Um guardanapo separa suas mãos até de um sanduíche.

Os que convido para comer costeleta de porco coberta de molho barbecue têm de usar as mãos porque não ponho talheres na mesa. Nós, americanos, comemos costeletas como nossos antepassados da caverna porque só um cirurgião poderia separar a carne do osso e porque, como carnívoros, isso está em nosso DNA.

Os convidados esperam pela minha primeira mordida ancestral na costeleta, assentada sobre todos os dez dedos, antes de seguir meu exemplo. Os homens encaram o desafio. As mulheres procuram coragem para enfrentá-lo. A filha de seis anos de amigos que convidamos para jantar costeletas levantou os dedos engordurados de molho e exultou: "Sou americana!" Depois, como eu, lambeu o molho dos dedos enquanto os pais, que preferiram usar guardanapos, olhavam incrédulos.

Para os americanos, chupar dedos engordurados é quase tão satisfatório quanto sexo. Só não faço isso em restaurante japonês. Depois de comer sushi, peço uma toalha quente. Por quê? Uso a mão para salvar um sushi desmoronando no shoyu porque é impossível pescá-lo com os pauzinhos. Para um *yankee*, esse resgate feito à mão é tão natural quanto empurrar arroz para cima do garfo. E qual seria a opção? Deixá-lo lá como uma baleia encalhada e pedir uma nova tigela? "É!", minhas amigas dizem.

Uma delas me disse que "etiqueta" significa "pequena ética". Mas "etiqueta" vem da palavra francesa para "tíquete", um convite para obedecer aos códigos sociais. E eu costumo recusar o convite porque ninguém espera que americanos tenham bons modos. Pergunte aos britânicos.

À mesa, polidez depende da pátria. Muitos japoneses usam as mãos para comer sushi, um *fast food* inventado para ser comido assim. E chineses chiques que saem para jantar fazem barulho ao tomar sopa e palitam sem cobrir com a mão. Os franceses saboreiam *foie gras* com garfinhos. Então, os brasileiros cometem uma gafe porque passam na torrada? Talvez. Mas quem sou eu para ensinar a este povo boas maneiras à mesa?

29 de abril de 2010

# Ketchup: um perigo em qualquer cultura

Os brasileiros, que têm hábitos alimentares sofisticados, comparados com os da maioria dos americanos, abusam do ketchup de tal modo que fazem com que a culinária *yankee* pareça menos revoltante. Não é um feito modesto, já que os americanos consomem uma overdose desse derivado do tomate na comida. E nos dá uma lição preventiva sobre os perigos de se adotar os condimentos de outras culturas.

Os americanos comem várias comidas — especialmente hambúrgueres e fritas — como pretexto para saborear ketchup. Já os brasileiros só colocam ketchup em algumas dessas comidas. Mas os brasileiros cozinham com o condimento. Aqui, eu já vi o ketchup entrar no molho servido em cachorros-quentes e no espaguete. É até usado no lugar de molho de tomate para fazer estrogonofe, um pecado que nenhum russo perdoaria.

Os brasileiros não parecem entender que molhos realçam sutilmente o sabor, ao contrário de condimentos como o ketchup, cujo gosto forte pode matar qualquer prato. Para piorar, o ketchup brasileiro — como os cafezinhos, sucos e sobremesas brasileiros — contém muito mais açúcar do que o americano, que é uma mistura mais balanceada de doce, azedo, amargo e salgado. Assim, o excesso de açúcar no ketchup brasileiro faz dele uma arma pesada.

O estrogonofe servido em muitos restaurantes brasileiros contém tanto ketchup que pedir sobremesa é redundante. E todo o ketchup no molho rosé que envolve os ovos de codorna os transforma em bombons. Nas pizzarias e botequins, os brasileiros — de cariocas a baianos, mas não os paulistas — usam garrafas plásticas para esguichar o condimento em rajadas dignas de metralhadoras sobre toda a pizza — massacrando o gosto da mussarela. Esse assassinato culinário é outro motivo pelo qual os paulistas consideram os cariocas caipiras gastronômicos. Mas os cariocas rebatem que os paulistas colocam ketchup demais num petisco por eles cultuado: a coxinha de galinha.

Pizzarias americanas (como as italianas) nunca servem ketchup. Isso porque espalham círculos precisos de molho de tomate sobre a massa antes de adicionar a mussarela, fazendo o molho realçar seu sabor. E se orgulham de manter um equilíbrio perfeito entre massa, molho e queijo.

Mas o ketchup é encontrado na mesa da maioria dos restaurantes americanos, até os especializados em café da manhã. Eu costumava colocar em *hash browns* — batatas raladas e fritas em forma de panqueca —, que, com ovos mexidos, começavam o meu dia. Meu pai misturava ketchup nos ovos também, fazendo com que parecesse que um animal tinha sangrado até a morte em seu prato. O presidente Richard Nixon colocava ketchup no queijo cottage.

Horrores culinários semelhantes ocorrem quando estrangeiros adotam os condimentos de outro país. Alguns ketchups brasileiros são feitos de goiaba. Os americanos usam amendoim, o condimento número um na Tailândia, para fazer sanduíches de manteiga de amendoim e geleia de uva, o lanche favorito da garotada e do presidente Bush. Gente que não é da Índia coloca chutney em curry apimentado para diminuir seu efeito. A maioria das pessoas de fora do Japão encharca o arroz do sushi de molho de soja e wasabi, matando completamente o sutil sabor do peixe, em vez de mergulhar um lado do peixe no líquido, ao estilo japonês, só para dar um gostinho.

Mais de vinte anos atrás, quando pedi sushi pela primeira vez, pensei que o gengibre fosse alface japonesa. Uma vez que os americanos usam alface para umedecer sanduíches de carne, coloquei um pouco de gengibre entre o peixe e o arroz. Enquanto eu mordia, o sushiman me encarava com um sorriso zen-budista. Se eu soubesse o que sei agora — que os japoneses colocam ketchup no arroz no café da manhã —, eu poderia ter, serenamente, retribuído o sorriso.

20 de outubro de 2005

# Etiqueta telefônica brasileira

Apesar de viver aqui há muito tempo, não consigo dominar a etiqueta telefônica que chamo de "despedida prolongada brasileira". Quer dizer, recitar uma lista de preâmbulos antes de falar "tchau".

Minha esposa brasileira começa sua longa despedida dizendo, a intervalos regulares, frases como "então tá", "tá bom", "tá legal", ou "tá ótimo!" para que a outra pessoa note que ela está ficando sem papo. Esses sinais, se ignorados, se encolhem em uma interminável procissão de "tás". Quando ela se cansa de dizer "tá", ela acrescenta um "tenho que ir", seguido de um "a gente se fala".

Mas, de vez em quando, o "a gente se fala" pode levar minha mulher ou a outra pessoa a lembrar algo que queriam dizer. E isso pode dar início a uma nova procissão de "é mesmos?", seguidos de vários "então tás" e muitos "tás". Só então a ligação pode acabar. Em geral é assim: "então tá... tá... tá... a gente se fala... pode deixar... outro... beijo... beijo grande... tchau."

Por ser americano, modelo da eficiência "tempo é dinheiro", só preciso de duas frases para encerrar uma ligação: "a gente se fala" e "tchau". Meus amigos brasileiros não se importam porque entendem que venho de uma cultura mais "objetiva", quer dizer, "rude".

Apesar de suas longas despedidas, os brasileiros não são craques em cordialidade ao telefone. Quando saio com amigos cariocas, as ligações que recebem no celular, pouquíssimas urgentes, podem durar dez minutos.

Recepcionistas e secretárias aqui atendem ao telefone dizendo "um minutinho", mas me deixam esperando *ad infinitum*. De vez em quando, um brasileiro — geralmente alguém com o número de telefone errado — liga e pergunta rispidamente "Quem está falando?", como se fosse minha obrigação lhe dizer.

Sim, eu poderia tornar minhas despedidas telefônicas mais cordiais, mais brasileiras. Mas meu alô americano é bem mais cortês do que o similar nacional. Quando alguém liga, querendo falar com minha mulher que saiu, eu digo: "Ela não está. Quer deixar um recado?" Mas, quando eu ligo, quem me atende sempre pergunta: "Quem quer falar?" Somente então sou informado de que a pessoa não está.

Os brasileiros perguntam "Quem quer falar?" para peneirar as ligações. Quer dizer, reagem a uma ligação como se fosse uma invasão. Este jeito desconfiado não é reflexo desta sociedade cada vez mais perigosa. Pelo que eu me lembre, os brasileiros sempre atenderam ao telefone assim.

18 de dezembro de 2003

# Pedidos precavidos, recusas ríspidas

Apesar de os brasileiros acharem os americanos "objetivos", um eufemismo para "curtos e grossos", meus compatriotas não são nada diretos quando pedem um favor. Talvez porque os americanos são ensinados a pedir desculpas até pela menor inconveniência. Sempre dizem "com licença", seja quando esbarram em um pedestre, seja como preâmbulo para uma pergunta.

Os preâmbulos que precedem o pedido de um favor são ainda mais precavidos. Eles começam com um "com licença, mas" e se escoram em um "se". Uma vez, pedi a um amigo carioca, "com licença, mas você se importaria se eu abusasse e perguntasse se pode me emprestar esse CD?" Ele achou meu pedido incrivelmente barroco e disse que um brasileiro só diria, "cara, me empresta esse CD?"

Apesar de meus 28 anos de Brasil terem me tornado um híbrido de duas culturas, meu lado americano ainda acha esse pedido brusco meio presunçoso. Talvez porque me lembre do tratamento diferenciado que alguns brasileiros esperam receber das classes menos favorecidas quando fazem pedidos. Veja o empresário que chega ao botequim quando está fechando e diz ao gerente: "Amigo, fique aberto mais um pouco. Estou com um famoso cineasta brasileiro faminto."

Tenho, porém, trocado os termos de cortesia americanos formais pelos informais brasileiros. Para pedir um prato, em vez de dizer "poderia, por favor, passar", digo "me dá" ou "me passa". E eu peço porções generosas em botequins, dizendo "no capricho" em tom sedutor. Ao ser servido, em vez de dizer "obrigado", fecho o punho, levanto o polegar e dou uma piscadela.

Acho curioso os brasileiros usarem modos tão diretos como "me dá" ou "me deixa", mas escolherem modos tão indiretos de recusa. Veja as expressões vagas como "pode ser" ou "vamos ver" seguidas por "se não der, fica para a próxima", com as quais esse povo dribla o "não". A frase "fico devendo" também se esquiva do "não", uma negativa que um lojista evita, dizendo: "Tem, mas está em falta."

Os americanos, apesar de seus pedidos precavidos, não navegam em torno dos negativos quando recusam um favor. É por isso que os brasileiros os consideram tão diretos. Um *yankee* encerra um convite com "não posso, estou ocupado", uma resposta definitiva que é um balde de água fria, algo que "pode ser; se não der, fica para a próxima" suaviza.

Uma vez, ao chegar de ônibus a um hotel num parque nacional americano, vi que precisaria de um carro para alcançar as trilhas. Pedi a um funcionário: "Com licença, mas eu estaria pedindo demais se perguntasse se estaria interessado em me levar até uma trilha por um valor que achasse aceitável?" Sua recusa ríspida: — "Sim, estaria" — foi até pior do que o mais típico "não posso, estou ocupado".

Talvez o modo ideal de pedir e recusar favores seja incorporar o melhor das duas culturas. Os pedidos não seriam bruscamente brasileiros nem barrocamente americanos, e as recusas seriam definitivas, sem ser duramente americanas ou evasivamente brasileiras. Neste mundo de fantasia, eu perguntaria ao funcionário: "Você poderia me levar a uma trilha por uma grana?" E ele responderia: "Gostaria, mas estou ocupado. Fica para a próxima."

1º de fevereiro de 2011

# Brasil puritano

A maioria dos brasileiros se considera a anos-luz dos americanos (chamados de puritanos) em termos de liberdade sexual. As brasileiras se recusam a copiar a moda americana, que esconde e dessexualiza o corpo. Nas praças brasileiras, paqueram e beijam apaixonadamente, comportamento raramente visto em ruas americanas. Mas a TV brasileira — que molda e reflete atitudes culturais — não é explícita sexualmente, revelando um país em que o puritanismo tem só outro nome: pudor.

Há muitas mocinhas de minissaias e blusas decotadas rebolando no Faustão e no Huck. Mas a TV a cabo americana (assistida por 76% do público) tem séries como *Sex and the City*, da HBO, cheias de cenas que lidam abertamente com o sexo, ao dispor de 8% dos brasileiros com TV por assinatura. Os outros 92% têm de se contentar com a sexualidade sugerida e a linguagem criptoerótica das novelas. Só em *Sex and the City* pode ouvir palavras como orgasmo e clitóris e ver Sonia Braga, no papel de lésbica, equipada com um vibrador.

Nas novelas brasileiras, personagens gays nem podem se beijar. No último episódio de *América*, o país parou porque foi anunciado o primeiro beijo gay em uma novela, gravado mas não mostrado. O primeiro beijo gay da TV americana foi na série *L.A. Law*, em 1991. Em *A Sete Palmos*, uma outra série da HBO (2000-2005), as cenas de sexo entre um policial negro e um diretor de funerária branco eram tão quentes e explícitas que a sexualidade em *O Segredo de Brokeback Mountain* parecia vitoriana em comparação.

Musicais da Broadway, desde *Hair* e *O Calcutta* nos anos 60, também permitiram que os americanos exibissem sua sexualidade. Em *Os Monólogos da vagina*, uma peça da Broadway do fim dos anos 90, três mulheres descrevem graficamente a vagina como instrumento de sexo, amor, estupro, menstruação, mutilação, masturbação, nascimento e orgasmo. A peça também foi apresentada na HBO, em cidades por todos os Estados Unidos e em 76 países, inclusive o Brasil.

Apesar de todo país ter suas contradições culturais, elas parecem mais evidentes nos Estados Unidos do que no Brasil. Numa era em que o beijo de cinema americano só podia ser de boca fechada, *O relatório Kinsey*, o primeiro e o maior estudo sobre comportamento sexual humano, foi publicado (1948). O estudo impulsionou a revolução sexual nos anos 60 e 70. Ainda assim, apesar dos avanços, um caso com uma estagiária da Casa Branca, em 1998, ameaçou o mandato de um presidente (Clinton).

É verdade, um escândalo assim não aconteceria aqui. Mas nos dois países há uma mistura de permissividade sexual e pudor, entre quatro paredes e fora delas, deixando claro que nenhum dos dois é para principiantes. Uma nação em que a roupa de banho nada revela, mas que é repleta de praias e colônias de nudismo, é tão difícil de decifrar quanto uma em que os biquínis insinuam uma desinibição sexual que, na TV, não fica mais explícita do que a dança da boquinha da garrafa.

8 de junho de 2006

# Uma cultura nada confessional

Por que um país católico como o Brasil tem uma cultura tão menos confessional do que a da minha pátria protestante, os Estados Unidos, onde até os não famosos escrevem sobre seus triunfos e traumas, por mais triviais que sejam?

As livrarias americanas têm montanhas de livros de memórias, não só de celebridades, mas de "fulano(a) e beltrano(a)" que falam de crescer gorda e mulher, despertar espiritualmente ou sobreviver a uma doença quase fatal. Algumas obras são menos substanciais: a agonia do autor com a droga "ecstasy", sua década de empregos deprimentes ou sua obsessão com o livro de recordes, o *Guinness*, e suas aberrações (como o homem com as unhas mais longas).

No Brasil, onde poucas celebridades revelam suas lembranças, as memórias de não famosos são ainda mais raras. As duas mais recentes de que me lembro são *Confissões de adolescente*, o diário de 1992 sobre o trauma de ser adolescente, e *Feliz ano velho*, o desabafo de 1982 de um jovem que ficou paraplégico depois de um acidente num mergulho.

Nos Estados Unidos, um monte de cronistas intimistas aproveita esse filão de autoexposição como escritores de memórias. O ensaio epônimo no premiado *Portrait of My Body* (Retrato do Meu Corpo), de Phillip Lopate, escrutina sua anatomia, incluindo seu pênis, cujos dois canais urinários permitem que ele faça xixi em jorros paralelos. A ensaísta da revista *New Yorker*, Daphne Merkin, em sua coletânea de crônicas, revela sua obsessão com tapinhas eróticos, lesbianismo e Hitler.

E, apesar de os cronistas brasileiros escreverem sobre a vida cotidiana em suas colunas, quase nunca falam de suas próprias vidas cotidianas. Além disso, qualquer revelação que façam está longe de ser íntima. O pouco que você sabe sobre esses cronistas provavelmente não inclui nem mesmo se são casados e têm filhos. Traumas pessoais e comportamento sexual aberrante então, nem pensar.

O que explica a sede insaciável do mercado americano pela autorrevelação? Em algumas igrejas protestantes americanas, como as batistas, formadas por pessoas de classes menos favorecidas, os membros dão testemunhos — de pé, diante da congregação —, compartilham seus "pecados" e seus problemas. Essas confissões públicas motivam outros a também desabafar diante da congregação.

Esses mea-culpas públicos são parte de uma tradição confessional americana, ausente no Brasil, onde as pessoas aliviam a consciência com padres. Em sua autobiografia, o presidente Bill Clinton, que é batista, confessou que seu caso com Monica Lewinsky era imoral. Não há equivalente brasileiro para *True*

*Confessions*, uma revista americana em que pessoas comuns divulgam suas crises matrimoniais, profissionais e de saúde. E muitos comediantes americanos usam um humor autodepreciativo, ao estilo Woody Allen, para arrancar risadas enquanto comediantes brasileiros preferem rir dos outros.

Os americanos que publicam suas experiências de vida sabem como promovê-las — em talk-shows, turnês ou em cartazes nos ônibus. Para chegar ao Jô Soares e promover o meu primeiro livro de confissões cômicas — depois de ter tropeçado no processo de seleção —, eu descobri o endereço do Jô e entreguei pessoalmente uma cópia ao porteiro.

A maioria dos brasileiros acha essa autopromoção indiscreta, senão indigna. Eles, como os cronistas daqui, acreditam que a vida privada das pessoas é... bem... privada. Um argumento possível: se todos temos uma vida, deveríamos todos escrever sobre ela?

Os brasileiros somente se expõem nos *reality shows*, como o *Big Brother Brasil* e *No Limite*. Eles não se assemelham aos cronistas intimistas, para os quais escrever é um ato catártico ou de autoconhecimento. Esses concorrentes se submetem a humilhações e perversões em busca de fama e fortuna. Eles não se libertam. Eles se degradam.

5 de maio de 2005

# A inconveniência da conveniência

A crença comum de que os americanos têm uma vida mais fácil e confortável do que os brasileiros, graças a todas as suas conveniências, é uma fantasia. A melhor medida de quão fácil é a vida em qualquer lugar é o esforço que se faz para mantê-la. Em uma cultura hipercompetitiva, os americanos podem ter um certo estilo de vida — mas não necessariamente uma vida — trabalhando longas horas. Apesar de render eletrodomésticos que economizam tempo, o trabalho os esgota de tempo e energia para usá-los.

Os americanos compram cortadores de grama motorizados, lava-louças, secadoras de roupa e até aspiradores de pó robotizados para fazer o trabalho de casa. Por quê? A mão de obra americana é tão cara que a maioria dos casais (mesmo com dois salários) não pode pagar por empregada mais de uma vez por semana, se tanto. Babás então, nem pensar. E a dificuldade de fazer trabalho de casa depois de um longo dia explica por que suas casas são tão sujas e bagunçadas, e até as garagens são entulhadas. Suas ruas e calçadas imaculadas são uma fachada enganosa.

No Brasil, é o contrário. Um descaso total pela praça pública a enche de carros e imundície — de lixo a cocô de cachorro. Mas as casas são pequenos templos assépticos. Por quê? Além de uma boa higiene doméstica, muitos brasileiros de classe média podem pagar por empregadas e babás para cuidar da casa e das crianças. E eles moram em pequenos apartamentos urbanos, bem mais fáceis de limpar e arrumar do que as grandes casas dos subúrbios americanos.

Um brasileiro nessas condições também pode contratar biscateiros ou carpinteiros para fazer melhorias, de pintura a reformas. Para aqueles que, como eu, odeiam trabalho manual, isso é muito conveniente. Esses trabalhos têm um custo tão exorbitante nos Estados Unidos que os americanos têm de fazer suas próprias melhorias em casa. Por isso florescem as lojas gigantescas que vendem ferramentas, materiais, DVDs e manuais necessários para esse trabalho excruciante.

Uma outra fantasia: os serviços que economizam tempo também tornam a vida mais fácil nos Estados Unidos. Se isso é verdade, por que serviços similares não economizam tempo aqui? A fila da loja de conveniência 24 horas perto da minha casa é tão longa de noite, nos fins de semana, que uma compra pode levar 15 minutos. Caixas eletrônicos permitiram que os bancos daqui substituíssem a maioria dos bancários por máquinas. Isso tornou a fila dos poucos caixas mais longa. E alguns McDonald's com serviço *drive-thru* têm uma fila de carros tão grande que é mais rápido estacionar e pegar seu pedido dentro do restaurante.

O comércio americano oferece tanta escolha que decidir cria estresse e desperdiça tempo. No Brasil, escolhas mais limitadas economizam tempo, e não criam estresse. A mão de obra mais barata torna a vida mais fácil para os brasileiros que puderem pagar. Esses profissionais trabalham menos horas do que a maioria dos americanos. E seus salários pagam pelo trabalho doméstico que eles não têm tempo de fazer porque estão trabalhando. Muito conveniente.

3 de agosto de 2006

# Bye bye a tudo aquilo

Deixar os Estados Unidos pelo Brasil, um lugar que nunca visitara, foi como trocar um casamento longo e ruim por uma paixão cibernética. Escapei de uma cultura me jogando nos braços de outra, criada em grande parte por minha imaginação fértil.

O que importava não era o que me esperava, mas o que deixava para trás, um mundo tão competitivo que resta pouco tempo para relaxar. Os americanos da classe média vivem cada vez mais jovens a exaustiva rotina da corrida pelo sucesso. Os pais matriculam os filhos em pré-escolas para a elite quando ainda estão no útero e enviam seus geniozinhos para acampamentos de verão em matemática avançada.

Muitos casais da classe média são formados por dois altos executivos. E muitos profissionais tomam tranquilizantes para reduzir o estresse causado pela pressão para se saírem cada vez melhor no trabalho. Em festas americanas que promovem *networking*, em reuniões em bares durante a *happy hour*, estranhos com a mesma profissão fazem contatos para aprimorar a carreira.

Até amigos se envolvem nessa competição. Alguns que visitei recentemente mal podiam acreditar que eu continuo a trabalhar também como jornalista *freelancer*, a mesma profissão que eu tinha quando saí da Califórnia. Porque minha carreira havia sido horizontal, e não vertical, um amigo me perguntou se meu trabalho oferecia "desafios suficientes". Outro perguntou: "Está fazendo trabalhos que dão significado a sua vida?"

Ano passado, um americano, observador de aves — com telescópio, câmeras, livros e binóculos —, me sujeitou a um interrogatório similar em uma pousada no Pantanal. No café da manhã, ele se apresentou, dizendo: "Já que sabe qual é a minha paixão, diga a sua." Antes que eu pudesse responder, um tucano pousou perto, fazendo com que ele saltasse da cadeira com os binóculos. "Quando observadores de aves conversam", disse um membro de seu grupo, "estão apenas matando tempo até aparecer outro pássaro."

Os americanos nem sempre foram tão obsessivos. Quando eu era garoto, as pessoas não tinham paixões e talentos. Tinham apenas hobbies ou aptidões muitas vezes não desenvolvidas. Apesar de algumas mães de meu tempo terem emprego (em geral, professoras e enfermeiras), não usavam terninho, não trabalhavam até tarde nem davam à gente a chave de casa.

E, apesar de o mundo ter se tornado muito mais competitivo desde então, o Brasil ainda é um lugar bem menos *workaholic* do que os Estados Unidos. Os brasileiros vão à *happy* hour para relaxar ou paquerar depois do trabalho, não para fazer contatos para aprimorar a carreira. E dão prioridade à família e à profissão igualmente. Eles têm um mês de férias remuneradas todo ano e licença maternidade de quatro meses, contra as duas semanas de férias e seis semanas de licença maternidade nos Estados Unidos.

Quando os brasileiros me perguntam por que escolhi viver em um país tão pobre, eu simplifico dizendo que troquei a cultura do "tempo é dinheiro" por uma mais descontraída, traduzida nas músicas de Jobim e Caymmi. Apesar de meu ritmo não ter se tornado devagar, muito devagar, quase parando, também não fica veloz como o da corrida. Entretanto, é suficiente para sustentar uma vida que é significativa o bastante para mim.

20 de janeiro de 2005

# Americanamente amigos

Fico na defensiva quando brasileiros que moraram nos Estados Unidos descrevem meus conterrâneos como frios e antipáticos. Por quê? Pode até ter um fundo de verdade nessa generalização. Mas ela ignora a complexidade desta sociedade diversificada e multicultural, onde nem todos se encaixam neste modelo. E não leva em conta que amizade é difícil de achar em qualquer cultura, especialmente se você é de fora.

Por isso, muitos brasileiros que moram nos Estados Unidos inicialmente buscam colônias de compatriotas para encontrar carinho e intimidade. É mais fácil do que conquistar meus conterrâneos, um processo que exige tempo e a capacidade de se americanizar — uma proposta assustadora. É duro se ajustar a um país polarizado racialmente cujo governo, depois do 11 de Setembro, fomentou um clima de suspeita contra estrangeiros.

Mas foi duro me ajustar ao Rio. Também entrei na colônia de compatriotas, que era mais fácil do que conquistar os cariocas. Mais tarde, virei um membro periférico de uma turma da praia. Meus camaradas da praia me tornaram menos solitário. E o cenário para a minha solidão era mais agradável do que seu similar nos Estados Unidos: um sombrio balcão de bar. Mas não eram pessoas a quem eu contaria tudo ou com quem eu pudesse contar. Levei anos para me abrasileirar o bastante para criar laços mais fortes.

Os laços familiares brasileiros, a cola desta sociedade, são tão fortes que grandes amizades se tornam secundárias. Mas, para solteiros americanos, essas amizades são prioritárias. Por quê? Quando, aos 18 anos, eles saem de casa para morar longe, na universidade, os laços familiares começam a se desfazer. Por quê? A maioria só vive em casa durante o tempo em que vê os pais como adversários, e não aliados.

Depois de formados, os americanos que não casam criam famílias de amigos, o que se reflete em séries de TV como *Friends* e *Sex and the City*. Ou encontram um melhor amigo, uma aliança rara no Brasil, onde *A grande família* reflete a primazia do parentesco.

Os americanos chamam a grande amizade de "relação significativa" para realçar sua importância. Dois compatriotas que conheço há 35 anos são como irmãos, e as confidências que dividimos cimentam nossa ligação. Mas já que os brasileiros, como outros povos, julgam outras sociedades por costumes que lhes são familiares, qualquer cultura que evite abraços e beijos parece fria. Cada sociedade, entretanto, expressa calor humano de modo diverso.

O antropólogo Roberto DaMatta ignora esse fato quando escreve que, nos Estados Unidos, "intimidade e calor humano fazem muita falta na vida social". Para ele, a pletora de *talk-shows* e livros de memórias, em que americanos confessam crises pessoais, resgatam a intimidade que falta a uma sociedade impessoal.

Discordo. Confissões na mídia são uma extensão da intimidade já presente numa sociedade cheia de laços fraternais. Elas proliferam porque esta cultura é muito narcisista e altamente polarizada. Logo, até quem tem amigões precisa desabafar com quem escute. Isso diminui a dor.

26 de junho de 2008

# Casais em duas culturas

Quando me mudei dos arredores de San Francisco, a cidade mais progressista dos Estados Unidos, para o Rio de Janeiro, sua contraparte brasileira mais tradicional, o feminismo já havia tornado as mulheres mais autônomas socialmente.

Lá, mulheres casadas podiam passar finais de semanas com as amigas em spas campestres, trocando confidências em poços de águas termais, sem que seus maridos se queixassem. Os casais de San Francisco continuam a passar parte considerável do seu tempo de lazer separados, porque precisam de "espaço", uma gíria para independência social.

Um amigo meu em San Francisco faz viagens anuais de uma semana com um amigo, para criar "espaço" entre ele e a esposa, ainda que os dois tirem férias juntos. Tente imaginar uma carioca que dê esse tipo de "espaço" ao marido.

No Rio, o machismo retardou os avanços feministas. Por isso, os casais passam a maior parte de seu tempo de lazer juntos, não porque prefiram assim, mas porque é praxe. Um grupo de cariocas casadas pode sair para uma pizza numa noite de quinta-feira. Mas como seus maridos reagiriam se elas decidissem passar o final de semana num spa do interior?

Aqui, um amigo carioca se queixa à mulher de que as viagens de negócios de um mês de duração que ela realiza lhe causam sensação de abandono. Nos Estados Unidos, não apenas San Francisco, uma cultura *workaholic*, alguns casais passam muito mais tempo separados devido às demandas de suas respectivas profissões.

Na San Francisco dos anos 80, ser gay, lésbica ou uma mulher casada que optasse por não ter filhos eram inclinações mais aceitas do que no Rio. Lá, se um membro de um casal começasse a almoçar com um desconhecido/a do sexo oposto para iniciar uma amizade, seus companheiros/as mais confiantes não teriam ciúmes, desde que pudessem encontrar o desconhecido/a "para dar uma olhada nele/a". É uma independência que continua a existir.

No Rio, então como agora, esses almoços causariam ciúme a quase qualquer companheiro. Um motivo: aqui, a competição sexual, especialmente entre as mulheres, é feroz. A única amiga com quem almoço (jantar, nem pensar!) eu já conhecia antes de casar. Encontro outras amigas sob a estrutura de dois casais, amigos entre si, que saem juntos. Às vezes, essas limitações sociais me dão saudade da cidade liberal e libertadora que deixei.

5 de abril de 2011

# O almoço pós-enterro americano

Os funerais brasileiros são rituais misericordiosamente curtos. Há o velório, o corpo é enterrado no cemitério adjacente, e a família pode viver o luto em particular, como prefere fazer. Nos Estados Unidos, minha pátria, o velório/enterro é o preâmbulo para o mais invasivo almoço pós-enterro, ainda que receber gente para uma refeição seja a última coisa que muitas famílias em luto queiram.

Como o velório americano é só para os mais chegados, os outros esperam em um cemitério distante até a família e o corpo chegarem. Então, todos assistem em pé a um longo serviço religioso. O almoço permite que se sentem e confraternizem. Geralmente, é preparado por um parente e a intenção é alimentar a família que sofre, esgotada após o período de cuidados e privações. Mas o luto é um anestésico, que entorpece o estômago e as cordas vocais, mas não o incessante coração.

Por isso, o tal almoço parece criado não para os familiares, traumatizados demais, mas para amigos e parentes que, apesar da perda, chegam com bom apetite e anedotas. Pelo fato de essas refeições acontecerem no fim de semana, quando mais pessoas podem ir, e porque meu pai morreu numa segunda, a funerária teve que congelar seu corpo embalsamado até o domingo. Para mim, esperar uma semana até encerrar este doloroso capítulo foi uma tortura emocional desnecessária para alguém que já sofria bastante.

O almoço pós-enterro só aumentou minha agonia. Parentes que nunca entenderam o humor do meu pai se revezavam, contando anedotas que deveriam celebrar seu charme cômico, mas que o faziam parecer um palhaço. Apesar de minha tia não servir bebidas alcoólicas para manter o ar solene, eu estava louco que um uísque viesse me fazer companhia. Quando a perda de uma única pessoa esvazia o mundo, compartilhar espaço com gente incapaz de sentir sua dor pode deixá-lo ainda mais desolado.

O almoço pós-enterro alimenta a mesma compulsão que o sanduíche, uma refeição portátil que permite você comer enquanto faz outra coisa, até vivenciar o luto. Também se tornou uma manobra para salvaguardar margens de lucro. Funerárias agora servem refeições porque as cremações eliminaram a ida ao cemitério. O boom de cremações — que dispensam caixões caros, lápides e covas — engoliu o lucro das funerárias, tendência que essas refeições ajudam a reverter.

Pelo fato de os funerais brasileiros despacharem o morto prontamente, uma missa de sétimo dia dá àqueles que perderam o ritual uma segunda chance de oferecer os pêsames, em um ambiente mais confortável do que o das capelas de velório. No Rio, esses cubículos com pé-direito baixo, quando lotados no verão, deviam oferecer toalhas. Parecem saunas.

Minha aversão a velórios nada tem a ver com a bala perdida que, alguns anos atrás, entrou pela janela de uma capela carioca, furando o caixão e o defunto. Morar no Rio tem seus riscos. Mas balas *post mortem* não doem. Não posso dizer o mesmo do almoço pós-enterro americano.

9 de julho de 2009

# Casamento brasileiro × casamento americano

A maioria dos americanos, que encaram o casamento como um relacionamento legalizado, se espantam com o fato de que os brasileiros se considerem casados simplesmente porque vivem juntos.

Digo-lhes que os brasileiros não precisam legalizar um casamento para legitimá-lo e que "casamento", que deriva da palavra "casa", consiste em viver sob o mesmo teto e compartilhar a cama. Um amigo de Nova York me disse que, "se eu aplicasse essa definição aos relacionamentos que tive, já teria sido casado seis vezes".

Por quê? Os americanos encaram viver juntos principalmente como uma espécie de experiência de laboratório para decidir se devem prosseguir na direção de um relacionamento mais sério — o casamento.

Nos Estados Unidos, onde os ritos legais levam a processos litigiosos, cerca de metade dos casamentos termina em divórcio. Por isso alguns americanos optam por contratos pré-nupciais a fim de proteger suas propriedades. Até os animais de estimação que serão adquiridos durante o casamento têm a custódia determinada antes do matrimônio por meio de um contrato chamado "pet pre nup".

Essa visão de mundo legalista ajuda a explicar por que os americanos não conseguem encarar a vida em conjunto como um casamento. Em um artigo publicado recentemente na revista *New Yorker*, uma escritora descreveu o homem com quem viveu durante sete anos como seu "amante".

Se um brasileiro lesse o artigo, formaria a impressão de que os americanos encaram o viver-junto tão levianamente quanto os brasileiros encaram aqueles com quem apenas dormem por uma noite.

Meus amigos americanos ficaram muito surpresos quando eu lhes disse que havia me "casado" com uma brasileira. E, evidentemente, não me levaram a sério quando lhes contei que não havia assinado um contrato. Só mudaram de opinião muito mais tarde, porque se tornou difícil classificar minha união de 11 anos como uma experiência de laboratório.

Eu e minha mulher não legalizamos nossa união para não incluir o judiciário na equação. Alguns americanos sentem a mesma coisa. Mas eles, como eu e minha mulher, são em geral remanescentes do idealismo dos anos 60 e acreditam que o casamento seja definido pela comunhão de dois corações, e não por um consentimento do Estado.

Mas, durante o nosso primeiro ano de casamento, um amigo americano me acusou de "brincar de casamento em um país que permite que as pessoas ajam assim". A raiva que exibi como resultado desse ataque injustificado me forçou a compreender o quanto eu entregara meu coração a essa brasileira. Mas o momento exato em que comecei a me sentir casado é difícil de definir, porque, para mim, a união é um processo, e não um ato.

Os americanos insistem em marcar o início desse processo por um ato jurídico. Os brasileiros compreendem que, embora o casamento, como o divórcio, possa ser definido por esses atos, os inícios e fins contratuais são as partes relativamente fáceis de empreender. O que é difícil de fazer funcionar, em qualquer casamento, é o meio da história.

22 de abril de 2004

# Universitários brasileiros × trabalho

Uma das marcas registradas da cultura "jovem" brasileira é a resistência de universitários da classe média a arrumar um emprego de meio expediente. Esses pós-adolescentes não concebem a ideia de meter a mão na massa, a menos que seja na "massa" de areia da praia.

Uma coisa que impede esses jovens de buscar empregos é a ideia de que trabalhar em um restaurante, escritório ou mesmo em uma butique é degradante ou humilhante, abaixo de sua classe social. Por quê? A classe média brasileira, por causa de seu tamanho pequeno e potencial para ascensão social, é privilegiada.

Os jovens brasileiros dessa classe desenvolveram esse senso de privilégio, em parte, graças às empregadas e babás. Essas trabalhadoras malpagas ensinaram aos jovens, desde que começaram a limpar a bagunça que faziam, que tarefas domésticas são trabalho de classes menos favorecidas. Por isso, pedir a um adolescente de classe média que ajude a lavar a louça é quase uma declaração de guerra.

Alguns desses jovens privilegiados continuam a viver em casa durante a faculdade porque estão viciados nas mordomias caseiras. Quando passam da adolescência, muitos sentem que conseguir um emprego de meio expediente — o passaporte para um apartamento alugado e uma vida livre dos limites paternos — é socialmente degradante.

Terminar a faculdade no Brasil pode levar tempo — levando-se em conta o cursinho de vestibular, as mudanças de faculdade ditadas pelo interesse acadêmico mutável e os cursos de pós-graduação. Daí, a garotada pode estar cursando o ensino superior até vinte e tantos anos, e ainda vivendo em casa.

Os pais da classe média brasileira, inseguros com a ideia de enfrentar "o ninho vazio", retardam a maturação das crianças, primeiro, isentando-as das tarefas domésticas e, mais tarde, desencorajando-as de conseguir qualquer emprego até depois da formatura. Nos Estados Unidos a maioria dos pais acredita que quanto antes os jovens saírem de casa depois do ensino médio mais preparados estarão para enfrentar a dura realidade da vida.

Os jovens brasileiros ficam felizes em trabalhar como garçons, babás ou faxineiras em Nova York ou Paris, onde fazer isso é chique. Mas argumentam que, no Brasil, ao contrário do que ocorre nos Estados Unidos, esse tipo de emprego não paga o bastante para financiar a saída da casa. Sei que a realidade econômica deste país é muito mais dura do que a dos Estados Unidos. Mas acho que os universitários brasileiros entre 20 e 25 anos conseguem encontrar o tal emprego.

E se os pais derem uma força financeira e o emprego que o jovem arrumar pagar R$ 500 por mês, já basta para dividir um apartamento simples em um bairro não muito caro do Rio ou de São Paulo com um ou dois amigos.

Um estudante que fizer essa mudança vai viver de forma espartana. Mas os que optam por esse estilo de vida talvez nunca mais queiram voltar ao luxo da casa dos pais. Podem descobrir que a independência de viver sob seu próprio teto vicia bem mais do que as mordomias caseiras.

18 de setembro de 2003

# Quanto custou?

A maioria dos americanos tem o hábito vulgar de quantificar seu poder de compra para divulgar seu status social. Usam preços para descrever em dólares seus relógios de 500, seus ternos de 1.000, suas pontes de safena triplas de 50 mil e a faculdade de 80 mil dos filhos. Em uma charge recente na revista *New Yorker*, uma mulher pergunta à outra: "Quer que mostre meu apartamento, contando quanto paguei por tudo?"

Os americanos também costumam perguntar uns aos outros quanto pagam pelas casas, carros, férias e, se são mais íntimos, quanto ganham. Surpreendentemente, essas perguntas sobre "quanto custou" são respondidas. Por quê? Nesta sociedade supercompetitiva, a troca de cifras ajuda as pessoas a comparar riqueza e, por extensão, posição social.

Os brasileiros acham deselegante fazer essas perguntas e divulgar seu status social, quantificando seu poder de compra. Mais discretamente, qualificam com palavras como "Brastemp", "Honda" ou "Prada". Talvez os americanos usem valores em dólar para descrever compras caras porque protestantes acreditam que riqueza é sinal de virtude, e brasileiros evitem porque católicos creem que riqueza significa falta de virtude. Ou será que a questão é mais complexa?

Tanto americanos quanto brasileiros gastam mais do que ganham. Enterram-se nos cartões de crédito e pedem empréstimos para pagar outros. Os brasileiros também abusam de cheques pré-datados e prestações extravagantes (até 24 vezes com juros astronômicos) que não podem honrar.

E, nas duas culturas, os ricos ostentam seu poder de compra para mostrar que fazem parte da elite. Mas a crise econômica nos Estados Unidos reduziu o número de ricos que alugam limusines para rodar a noite de Nova York ou compram jatinhos particulares. Na mais próspera economia brasileira, entretanto, o número de ricos e novos ricos tem aumentado. Daí, a venda de helicópteros a paulistas se mantém forte, e cariocas continuam a pagar a astros de novelas cachês altos para aparecer em festas.

Muitos americanos ostentam a fortuna com mais classe, doando para caridade, hospitais e universidades. A filantropia deles é motivada por culpa, isenções fiscais e "autointeresse esclarecido", a crença de que uma sociedade mais sadia e educada beneficia a todos e mantém a ordem social. Brasileiros ricos são famosos por doar muito pouco. É verdade, poucos recebem isenções fiscais. Também acreditam que é dever do Estado cuidar dos pobres, mesmo que este nem sempre tenha verba para isso. Por quê? A verba é empregada para tornar a elite ainda mais rica.

Amigos americanos, às vezes, fazem a si próprios a pergunta tabu: quanto dinheiro você tem? Mas não recebem respostas sinceras. No mundo todo, é uma cifra que os donos de somas substanciais mantêm em segredo — até dos cônjuges. Quem tem segurança financeira prefere confessar perversões sexuais a quantificar seu patrimônio líquido. Essa revelação faria com que se sentissem desprotegidos. E, no fim das contas, o dinheiro não deveria nos fazer sentir o contrário?

13 de novembro de 2008

# Uma crônica pífia

Uma comparação da forma como duas culturas cortam bolos e laranjas dificilmente vira caviar literário. Prosa elegante pode dourar a pílula, mas nem palavras impecáveis podem transformar um assunto tão pífio em algo profundo ou até pertinente. Porém permita que eu o leve neste pedante passeio, para provar que não vai chegar a lugar nenhum.

Os americanos cortam o bolo geometricamente, em linhas que partem do centro, formando fatias triangulares, em geral, grandes demais. A porção gigantesca é uma tradição americana que explica por que a obesidade lá é epidêmica. Se a fatia de bolo já é grande demais para o apetite de muitos americanos, imagine as lixeiras em que vão os restos. São grandes o bastante para acomodar um *yankee* pesadão ou tudo o que joga fora.

Os brasileiros cortam o bolo concentricamente, a partir de uma incisão circular feita no meio do bolo para criar o miolo. Aí, fazem dois cortes quase paralelos, do miolo à borda, formando pedaços quase retangulares. Quando retirados, os pedaços não têm ponta para quebrar (como as fatias americanas). Essa miniporção desperdiça menos comida, um hábito que explica por que a lata de lixo brasileira é do tamanho de um balde. Se essas porções não satisfizerem o apetite, os brasileiros comem outros pedaços. O miolo, um bolo-dentro-do-bolo, também tem seu charme estético, que lembra as *matriochkas* russas — aquelas bonequinhas pintadas com gêmeas menores dentro.

Esse corte de bolo, comum em toda a América do Sul, é perfeito para aniversário de criança nesta parte do mundo. Em países latinos, onde a ligação com vários ramos da família é forte, essas festas são uma desculpa para reunir um grande número de convidados — amigos do aniversariante, da família e parentes. Isso exige que o bolo grande seja dividido em pequenos pedaços que rendem mais. Nos Estados Unidos, onde a ligação com a parentada é fraca, os aniversários de crianças são só para crianças. O número menor de convidados permite que o bolo seja cortado em fatias triangulares maiores e menos numerosas.

Os americanos também cortam laranjas geometricamente, dividindo-as em quatro fatias, que terão a polpa devorada, enquanto muitos brasileiros descascam toda a laranja, cortam no meio e chupam o suco, espremendo a película branca com os dedos. Os americanos nunca chupam laranja. Para extrair o caldo, usam o espremedor. O hábito americano de usar a máquina para transformar fruta em suco pode explicar por que um amigo americano que nos visitou disse "que exótico!" ao ver minha mulher, brasileira, macerar uma manga espada, transformando a polpa em caldo, que ela chupou por um buraco mordido na casca. E também achou o corte brasileiro do bolo meio marciano.

Se essas comparações fazem parecer que este cronista está enrolando, posso renovar sua confiança, oferecendo minha resolução de fim de ano: nunca mais escrever uma crônica tão pífia ou, usando uma clássica fanfarra literária brasileira, uma crônica cujo assunto é a falta de assunto.

18 de janeiro de 2007

# Autoestima e suas oscilações

A autoestima brasileira é um tema recorrente — em colunas, entrevistas e textos acadêmicos — que continua a acender debates. É alta ou baixa demais? Este povo se coloca num pedestal ou acha que não merece plataforma? As opiniões se dividem radicalmente, não só entre brasileiros, mas dentro deles, em uma ambivalência interna que faz alguns parecerem esquizofrênicos.

Por exemplo, o mesmo brasileiro que diz "Deus é brasileiro" pode contar a piada em que o anjo pergunta a Deus por que Ele escolheu o Brasil para ser esse paraíso na Terra — sem terremotos, vulcões ou furacões. Ao que Deus retruca: "Espera até Eu botar o povinho."

A maioria dos brasileiros, porém, é bem menos dividida. Esses sentem orgulho de fazer parte de um "povinho" que produz os melhores jogadores de futebol, uma música que brilha entre as melhores e o Carnaval, o maior espetáculo da Terra. Pelé e Chico Buarque são endeusados porque são o epítome dessas fontes de orgulho nacional.

Mas o orgulho nacional não aumenta necessariamente o orgulho pessoal. A maioria dos brasileiros não ganha respeito e sobrevive economicamente por se destacar, mas por ter se integrado a turmas interdependentes, seja a família, redes de "quem indica" ou gangues de traficantes de drogas. E essa conformidade coletiva inibe a expressão pessoal, que aumenta a autoestima.

Em comparação, os americanos são ensinados a se destacarem criativa ou intelectualmente e a terem independência financeira desde cedo. Pelo fato de a sociedade americana ser um ensopado de individualistas, e não uma sopa de tipos similares, tem excedente de autoestima pessoal, quiçá narcisismo. Esses traços, diz o ensaísta David Foster Wallace, criaram "a geração mais egocêntrica desde Luís XIV" — a fonte do complexo de superioridade americano.

O status dos Estados Unidos como o único superpoder alimenta esse complexo. E leva o Brasil, uma potência emergente, a buscar seu reconhecimento. A frase "deu no *NY Times*" mostra a importância que os brasileiros conferem a esse reconhecimento. Apesar do forte sentimento antiamericano aqui, um editorial favorável do *New York Times* sobre o Brasil ainda infla o ego nacional. Mas um desfavorável dispara a indignação. Esse povo, ao valorizar demais a opinião americana sobre a própria pátria, não estaria expondo um ego nacional frágil?

Nelson Rodrigues chamou essa condição de "complexo de vira-lata". Nos anos 50, de acordo com o colunista Daniel Piza, Rodrigues criticou o cronista esportivo brasileiro que idealizava times de futebol europeus, supondo que um povo mestiço não produzisse grandes atletas. No início dos anos 70, o mesmo cronista via que sua seleção era a melhor.

Cada cultura oscila entre períodos de autoenaltecimento e autodesvalorização. Desde a Guerra do Iraque, os americanos têm se perguntado "por que eles (quase todos os outros povos) nos odeiam?" Não é uma pergunta surpreendente, diante do narcisismo deles, mas faz americanos capazes de ver os Estados Unidos com olhar crítico se sentirem diminuídos.

21 de agosto de 2008

# Tristeza, sim, tem fim

Quando sofrem as pancadas da vida, as pessoas se perguntam por quê, para corrigir os erros e se preparar para futuros acertos. Quando a pancada atinge o coração, quando o amor acaba ou não é correspondido, as pessoas também se perguntam por quê. Mas o vazio que sentem é tão profundo que as paralisa. Provoca autopiedade, não autoanálise; depressão, não determinação. Ironicamente, um mergulho no desespero é um meio de se recuperar.

Muitos usam a música de fossa para dar esse mergulho. Eu, quando estava de coração partido, ouvia baladas de Sinatra sobre a agonia do abandono. Por quê? Elas confirmavam e ampliavam o que eu já sentia. Se ele, em "I'm a Fool to Want You" (sou um tolo de te querer), podia implorar a alguém incapaz de amá-lo "Take me back!" (me aceite de volta!), por que eu, mero mortal, não poderia ter a mesma cruel fantasia?

Deixava Sinatra me arrastar para o fundo da fossa porque lá podia exaurir e esgotar minha dor e me erguer de novo.

Ouvir uma música de autoajuda como "Amanhã será outro dia" de Ataulfo Alves me afundaria ainda mais. Precisava me sentir como o personagem sem amor do livro *Tanto tempo na pior que o que pintar é uma boa*. Ou, parafraseando o autor tcheco Václav Havel, "devemos descer ao fundo do poço para ver as estrelas refletidas em suas águas".

Quem se nega a fazer esse mergulho emocional — como os que evitam amores impossíveis — tem medo de sentir. Alguns se protegem da dor do abandono depreciando-a. Comparam quem os deixou a bondes e dizem: outro logo vai passar. Outros fingem que um amor pode ser indolor. Basta pensar em um recém-abandonado que tenta ser o mais animado da festa.

O brasileiro também usa música de fossa para curar um coração partido, seja a desesperadora "Me dê motivo", na voz de Tim Maia, à dilacerante "Atrás da porta", na voz de Elis. Ironicamente, uma bossa nova melancólica pode ser o fundo musical de uma cena de amor num filme, ou animar um salão de baile. Casais mais velhos dançam agarradinhos ouvindo sucessos de Tom e Vinicius, como "Tristeza não tem fim", "Insensatez" ou "Eu sei que vou te amar", que evoca a dor de cada despedida. É o mesmo com a canção de Cole Porter, "Ev'ry Time We Say Goodbye", que sussurro para minha mulher em momentos românticos. Essas músicas, ampliando a angústia do "adeus", lembram-nos dos améns que dizemos por estarmos juntos.

"Futuros amantes", de Chico Buarque, também investiga por que as músicas sobre amores que já se foram criam um clima romântico. Os últimos versos dizem: "Amores serão sempre amáveis/ Futuros amantes, quiçá/ Se amarão sem saber/

Com o amor que eu um dia/ Deixei pra você". Por quê? Os vestígios do amor que a canção menciona — "fragmentos de cartas, poemas, mentiras, retratos" — vão contagiar quem quer que os descubra.

A mensagem da música? O amor é uma força que se autorregenera. Como a fênix mitológica, pode morrer em um clarão flamejante, mas vai se levantar das próprias cinzas e, tal uma flor perene, nascer mais uma vez.

22 de junho de 2010

# Refém binacional

O caso de Sean Goldman, garoto de 9 anos que foi alvo de disputa judicial já em 2004, após sua mãe brasileira tê-lo trazido para viver no Brasil sem a autorização do pai americano, demonstra os valores diferentes que as duas culturas atribuem à lei.

Todos os americanos com quem conversei a respeito do fato o consideravam um caso de sequestro, flagrante violação da Convenção de Haia, da qual tanto o Brasil quanto os Estados Unidos são signatários. A mídia americana tomou a mesma posição.

Já muitos dos brasileiros com quem conversei sobre o mesmo assunto, assim como a mídia brasileira, o entendiam como uma disputa de guarda, a ser decidida com base em critérios socioafetivos, ou seja, considerando aquilo que fosse melhor para Sean. Para eles, o fato de a mãe ter violado uma lei internacional ao trazê-lo para o Brasil era secundário, se não irrelevante.

Por que essa diferença de opinião? Muitos brasileiros acreditam que a lei deva ter flexibilidade para se adaptar às situações, o chamado "jeitinho". Muitos deles não respeitam a lei porque os poderosos do país são imunes a ela. Essa falta de respeito é demonstrada em ditados do tipo "para meus amigos, tudo; para meus inimigos, a lei".

Os americanos respeitam mais a lei porque os poderosos dos Estados Unidos não estão imunes a ela. Também sentem que os precedentes estabelecidos pelas leis desencorajam a futura desobediência a elas. Quando, em dezembro, o presidente do Supremo Tribunal Federal, Gilmar Mendes, concedeu a guarda de Sean ao pai, os americanos que conheço sentiram que a decisão reduziria o número de sequestros de filhos de casais formados por um cônjuge brasileiro e um americano.

Muitos brasileiros que conheço sentem que, já que Sean estava adaptado à vida no Brasil, deveria ser permitido que ele ficasse no país, mesmo depois da morte da mãe, em 2008. Mas, se a Justiça brasileira, que anda em passo de tartaruga, não tivesse demorado tanto a solucionar o caso, a questão da adaptação não teria adquirido importância.

O sistema judiciário continuou a se mover lentamente mesmo depois da morte da mãe do garoto. Duvido que, sem isso, a Justiça brasileira, que quase sempre favorece a mãe nos casos de guarda, tivesse entregado ao pai a custódia de Sean.

Por fim, o episódio acabou refletindo o nacionalismo brasileiro em sua pior forma. O ufanismo era demonstrado não só em faixas exibidas durante uma passeata no Rio —, e que afirmavam que "Sean é brasileiro" —, como também na camisa da seleção brasileira de futebol que o menino usava quando seu padrasto o entregou às autoridades, na porta do consulado americano.

Se havia incerteza quanto a julgar o caso como uma questão de guarda ou de sequestro, ele decerto não era uma questão de nacionalidade. O episódio envolvia um refém binacional de um sistema de Justiça moroso que o fez sofrer por tempo demais a agonia de não saber que país seria seu lar. E, independentemente da leitura que cada um faça do caso, nossa solidariedade deveria estar com o garoto.

7 de janeiro de 2010

# Comparando campanhas

Se nos Estados Unidos uma campanha presidencial é como uma maratona, um teste de como um candidato resiste a uma exposição longa e constante à observação pública, no Brasil uma campanha similar se parece mais com uma corrida de 100 metros rasos, na qual a exposição é comparativamente mínima.

O TSE (Tribunal Superior Eleitoral) permite que os candidatos iniciem suas campanhas apenas três meses antes da eleição, o que oferece ao público pouco tempo para avaliá-los. Pelo começo de agosto, Dilma Rousseff havia se tornado líder nas pesquisas mesmo sendo quase desconhecida do público, por nunca ter disputado uma eleição. Em um país no qual os partidos políticos escolhem seus candidatos por trás de portas fechadas, bastou que Dilma fosse a escolhida de Lula.

Nos Estados Unidos, nenhum presidente tem o poder de sagrar candidatos dessa maneira. E tampouco existe um equivalente ao TSE. Por isso, os aspirantes à presidência muitas vezes iniciam suas campanhas quase dois anos antes da eleição. Essa disputa é decidida nas primárias, onde o público vota para escolher o candidato de seu partido. As últimas primárias do Partido Democrata, realizadas em quase todos os cinquenta estados americanos, duraram seis meses, e fizeram de Barack Obama um candidato bem conhecido e um oponente experiente para enfrentar John McCain, o candidato do Partido Republicano.

No Brasil, a exposição pública do candidato fica limitada principalmente ao horário gratuito de propaganda eleitoral e a debates na televisão. Nos Estados Unidos, onde não existe horário gratuito, candidatos e organizações privadas formadas para elegê-los precisam arrecadar dinheiro para bancar a propaganda na TV. Em 2008, grupos de direita bancaram comerciais de TV que alegavam, falsamente, que Obama tinha conexões com antigos terroristas. A necessidade de que um candidato se defenda contra acusações desse tipo também faz da disputa presidencial norte-americana um teste de resistência e de temperamento.

Os candidatos nos Estados Unidos precisam atingir um público fortemente polarizado; não apenas tomam parte em debates como se submetem a formatos de entrevistas muito mais hostis e desafiadores que os candidatos brasileiros. Obama foi interrogado por um comentarista da Fox News, um canal de notícias de direita que apoiava McCain. Um popular pastor evangélico entrevistou McCain e Obama sobre suas crenças religiosas.

Porque o posto de primeira-dama tem forte importância simbólica nos Estados Unidos, as mulheres dos candidatos precisam participar de programas de entrevistas. Os Obama chegaram a permitir que um repórter de TV fizesse perguntas pessoais às suas jovens filhas sobre a relação com o pai, algo que seria impensável no Brasil.

Quando Bill Clinton era candidato à presidência, em 1992, participou de programas de entrevistas nos quais tocou seu saxofone, de óculos escuros, um gesto de autopromoção que confundia a distinção entre política e entretenimento.

Em resumo, disputar a presidência nos Estados Unidos significa se promover ao permitir que a mídia invada sua vida e a de sua família. Essa constante exposição pública é obrigatória para todos os candidatos à Casa Branca. E é um preço que nenhum brasileiro que dispute o posto aqui jamais terá de pagar.

13 de agosto de 2010

# ELOGIOS

"O elogio faz maravilhas para o nosso sentido da audição."

ARNOLD H. GLASGOW, humorista americano (1905-1998)


"Viver em Nova York é bom, mas é uma merda; viver no Rio (ou no Brasil) é uma merda, mas é bom."

TOM JOBIM (1927-1994)

# A arte da arquibancada

Saborear as escolas de samba do Rio de uma arquibancada do Sambódromo significa se enfiar em um espaço similar ao de uma sardinha dentro da lata. Durante o último Desfile das Campeãs, as arquibancadas estavam tão acima da capacidade máxima que era quase impossível se virar. Sobreviver às nove horas de aperto exigiu jogo de cintura e criou uma convivência improvisada.

Esses dois talentos brasileiros permitiram aos que estavam no meu setor de arquibancada se ajustarem à falta de espaço, em vez de brigarem por ele. Apesar de termos chegado cedo, eu e minha mulher tivemos que nos enfiar no pouco espaço restante da faixa amarela. Esse corredor amarelo de degraus é o caminho para os banheiros e quiosques de comida, e não deveria ser ocupado.

Para acomodar os que passavam, os ocupantes da faixa tinham que se espremer constantemente, num movimento de acordeão que rachava a parede humana, abrindo um estreito corredor. A maioria dos que passavam não entrou num jogo de empurra-empurra, ajudando a evitar o que poderia ter virado uma "arquibagunçada".

Sentados na faixa entre desfiles, o jogo de cintura preparou a gente para os poucos incivilizados que preferiram escalar a parede humana. Um "alpinista" subiu essa parede, colocando o pé de colo em colo e se equilibrando com a mão na cabeça dos outros. Apesar de todos xingarem, ele não estava nem aí. E deixou a marca da sola do seu tênis na minha bermuda como lembrança.

Os laços formados durante essa convivência improvisada ajudaram a preencher o tempo ocioso — a espera pelo primeiro dos seis desfiles e os cinco intervalos de 30 a 45 minutos entre eles. Essas longas paradas encorajaram estranhos na arquibancada a interagir — só para evitar cinco horas de tédio absoluto.

Depois que eu e minha mulher descobrimos que nós e uma capixaba ao nosso lado tínhamos amigos em comum, começamos um papo de noite inteira que acabou virando uma troca de confidências. Também conheci uma moradora da zona norte, filha de um dirigente da Beija-Flor, e seu namorado, que lubrificaram nosso papo com cervejas tiradas de uma geladeira plástica que vazava para nossos assentos de concreto, deixando-nos com a bunda estupidamente gelada.

Alguns laços de arquibancada lembravam aqueles formados em raves. Um gringo, drogado e descamisado, e uma carioca desinibida se conheceram pelos afagos e beijos. Outras tentativas de formar laços falharam, como a do coroa portenho que tentou paquerar minha mulher depois que aquelas cervejas me mandaram para o banheiro.

Um amigo americano disse que minha história de sobrevivência ao Sambódromo foi uma lição em "gerenciamento de espaço", como morar em Nova York. Mas não se pode comparar Manhattan a adaptação à selva de pedra e ao meu diminuto degrau de concreto. Adaptar-se à arquibancada é uma arte: requer não só uma cabeça fria e calculista, mas também um coração comunitário.

31 de março de 2005

# Comemorar o quê?

Qualquer coisa é pretexto para os brasileiros comemorarem. Uma filha tem um papel de uma frase só numa peça escolar e, quando a cortina cai, a família inteira celebra num restaurante. Um gol de um time já qualificado para as finais faz uma arquibancada inteira soltar fogos de artifício e tremular bandeiras gigantes. Churrascos homenageiam os santos católicos mais obscuros.

Descobri esse costume na minha festa de despedida, dias antes de me mudar da Califórnia para o Rio. Às 4h da manhã, os únicos convidados que ficaram, três cariocas, estavam batucando em panelas na cozinha. Por quê? "Para celebrar uma grande festa", um deles me disse. Foi meu primeiro "bem-vindo ao Brasil".

O ano-novo chinês, celebrado na Liberdade (SP), atrai hordas de participantes não chineses. Em São Paulo, a última parada gay, a maior do mundo, atraiu 3 milhões de pessoas. Na última parada gay em Niterói, uma cidade de 460 mil habitantes, mais de 100 mil pessoas compareceram. Quem aqui dispensa uma festa de rua?

Os brasileiros comemoram para criar um sentimento de comunidade. A música é um elemento catalisador. Nas Olimpíadas de 2004, em Atenas, torceram por seus times de vôlei de praia dançando ritmos baianos, transformando a arquibancada inteira num bloco dançante. Os blocos de rua do Carnaval são igualmente contagiosos, transformando os paradões nas calçadas em foliões. E as plateias que acompanham os cantores em shows reúnem muitas vozes em uma — o que faz artistas de outras terras se sentirem em casa.

Esta postura inclusiva leva outros povos à reciprocidade. Uma vez, enquanto tentava pedir comida em português numa pizzaria de Roma, um grupo numa mesa próxima me perguntou de onde eu vinha. Para evitar a reação que recebia ao dizer "dos Estados Unidos", eu disse "do Brasil", e o grupo inteiro soltou um grito de "brasiliano!" e me convidou a me juntar a eles.

Os americanos comemoram com menos frequência e intensidade porque esse espírito não está no sangue nem no calendário. Têm menos feriados e festejos do que os brasileiros. E suas festas são bem menos inclusivas. Nos Estados Unidos, aniversários infantis são para crianças, não para toda a família e amigos, como aqui. Turistas americanos em restaurantes brasileiros acham o costume de cantar o "parabéns" intrusivo. Também não entendem por que, às vezes, pessoas de outras mesas, que nem conhecem o aniversariante, juntam-se ao coro.

No Brasil, a inclusiva passagem de ano reúne ricos e pobres nas praias para ver os fogos. Depois do show do ano passado,

Tropeço nos trópicos   159

eu e minha mulher, caminhando em volta da Lagoa, no Rio, fomos atraídos a um dos quiosques, onde casais dançavam ao som das marchinhas de uma banda. No quiosque, onde pedi uma cerveja, o barman recusou meus reais e disse que era uma festa particular. Mas, em vez de nos excluir, ele nos serviu saideiras sem fim, o que nos manteve dançando até de madrugada. Afinal, os brasileiros não têm em seu DNA nada que abrevie uma comemoração, especialmente uma que não termina até as pessoas aplaudirem o nascer do sol.

1º de maio de 2008

# Adoecer no Brasil

Adoecer deixa a pessoa em desvantagem, ainda mais num país estrangeiro. O Brasil compensa o prejuízo, não por causa de suas muitas farmácias, mas com a boa vontade de seu povo na hora de ajudar desconhecidos doentes. Sua natureza afetuosa, produto de uma generosidade *sui generis*, é uma descoberta que muitos gringos fizeram bem antes de mim.

A poeta americana Elizabeth Bishop chegou em Santos sozinha em 1951, onde ficou gravemente doente por causa de uma reação alérgica a caju. Lota de Macedo Soares, a aristocrata carioca que Bishop mal conhecia — haviam se encontrado brevemente anos antes —, a convidou para se recuperar em sua casa de Petrópolis e passou meses cuidando de sua recuperação. As duas se apaixonaram e ficaram juntas por 16 anos.

"Ficar doente no Brasil é outra coisa!", Bishop disse à amiga americana e médica Anny Baumann, elogiando o cuidado de Soares e seus poderes de cura. Soares também ajudou Bishop a tratar-se de alcoolismo, asma e depressão crônica. Em uma carta a Baumann, ela diz que aqueles cuidados a faziam sentir que "morrera e fora para o céu sem merecer".

Eu também me sinto assim aqui. Uma vez, após voltar ao meu hotel em Recife, depois do jantar, uma crise estomacal transformou minha barriga numa bola gigante. Já que um amigo carioca me dera o nome de um amigo médico em Recife, liguei para perguntar que remédio ele me prescreveria. Ele ignorou meus pedidos para que ficasse em casa, e não viesse me examinar. Correu para o meu lado, diagnosticou uma gastrite grave e dirigiu até a farmácia para comprar o remédio. Só mais tarde descobri que este completo estranho saiu da própria festa de aniversário para me atender.

Em estradas brasileiras, um verdadeiro exército da salvação também resgatava meu parceiro, um Fusca 1970 sempre doente, recarregando suas baterias, religando o motor e até consertando o cabo de acelerador cortado. E "os soldados" se recusavam a receber pagamento. Uma vez, o carro de um amigo quebrou numa estrada aqui, e o mecânico que o rebocou até sua oficina emprestou o próprio carro para que não se atrasasse para um compromisso a 80 quilômetros dali.

Agentes de viagem brasileiros também se desdobram para ajudar. Depois de ficar com fortes dores lombares por causa de um colchão mole demais no início de uma viagem de vinte dias pelo sertão, minha agente de viagem fez questão de reservar, em todas as pousadas seguintes, quartos com colchões ortopédicos. Ano passado, outra agente de viagem carioca se assegurou de que minha pousada em Cuzco tivesse tanques de oxigênio, um antídoto para as dores de cabeça e náuseas causadas pela altitude elevada da cidade, e pediu a um amigo peruano que me visitasse para ter certeza de que eu estava bem.

Em termos de atenção, os agentes de viagem americanos ficam a anos-luz dos brasileiros, porque naquela sociedade em que "tempo é dinheiro" nunca ultrapassam a linha entre o serviço profissional e o personalizado, que exige tempo e não rende uma boa relação custo/benefício. Só numa sociedade que valoriza menos o tempo se encontram os cuidados que fizeram Bishop ficar tantos anos e me convenceram a nunca mais partir.

31 de setembro de 2006

# Deixa como está...

"Deixa como está para ver como é que fica" é o refrão rítmico que revela a essência da paciência brasileira. Esta frase-pérola não sugere resignação nem indiferença, mas sim a decisão estratégica de não influenciar situações que outros devem resolver. A frase "vou pagar para ver" também reflete essa passividade calculada.

Minha mulher adotou esta estratégia meio zen quando nos conhecemos para ver se este americano impaciente e intransigente tinha algo mais a oferecer. Com o tempo, ela viu que eu tinha. Eu podia me abrasileirar. Hoje, eu não me importo quando amigos cariocas chegam tarde a um encontro, porque levo uma revista. Mas o passo decisivo aconteceu quando emprestei a meu vizinho meus quatro CDs de jazz favoritos para gravar e esperei três meses para tê-los de volta, sem fazer qualquer cobrança.

Por quê? Eu não queria prejudicar a amizade que poderia se desenvolver entre nós. De um modo bem brasileiro, ele me lembrava de que não havia esquecido o empréstimo, usando frases vagas e descompromissadas quando nos esbarrávamos. A primeira foi: "Puxa, seus CDs! Vou devolver já, já" — um prazo que ele prorrogou com frases como "deixa comigo" e "um dia desses". Depois de sessenta "dias desses" seus dribles ficaram mais criativos. Alguns deles, como "quando vai devolver meus CDs?", abreviado depois para "e os CDs?", eram tão inesperados que me roubavam a réplica.

Quando me mudei para cá, 25 anos atrás, os tais dribles teriam esgotado minha paciência. Uma noite, nessa época, um escritor carioca deu a mim e a mais três pessoas uma carona até um filme, seguido de uma palestra sua. Mas, depois da palestra, ele passou uma hora falando com outros cinéfilos enquanto esperávamos no carro. Por quê? Quando ele se envolve num bate-papo, entra em um transe que faz o resto do mundo desaparecer. Tanto que, até hoje, a fila em suas noites de autógrafo são tão lentas que dá para ler sua nova obra antes de ele assinar.

Mas eu não sabia disso 25 anos atrás. Então, quando ele voltou para o carro sem noção de que nos devia desculpas, pedi que me levasse para casa a caminho do apartamento dele, aonde todos iam. Depois descobri que passaram a noite à volta de um piano, cantando músicas de Cole Porter, meu compositor popular favorito.

O que fica dessa história — que a paciência tem suas recompensas — tornou-se claro para mim só recentemente. Três meses depois de meu vizinho pegar os CDs emprestados, ele devolveu, com gravações de quatro de seus CDs de jazz. "Mil desculpas", ele disse. "Esqueça", disse eu, arriando seus

CDs na mesa como se fossem quatro ases. Ele também me deu a ideia de fazer esta e outras crônicas.

Essa história não me ensinou a lhe emprestar alguma coisa com a promessa de devolução no dia seguinte. Não em um país em que "amanhã" pode querer dizer "mês que vem" ou "no dia de São Nunca". Ela me ensinou que, se der a si mesmo uma chance de conhecer alguém, seus pequenos deslizes podem parecer pífios. Por ter decidido deixar como está para ver como é que fica, ficou uma amizade.

16 de outubro de 2008

# CRÍTICAS

"Crítica é algo que podemos evitar facilmente desde que não digamos nada, não façamos nada e não sejamos nada."

ARISTÓTELES

"A força da crítica está na fraqueza da coisa criticada."

HENRY WADSWORTH LONGFELLOW, escritor americano (1807-1882).

# Quem vive do passado é museu?

Duvido que muitos brasileiros se identifiquem com o colunista americano Herb Caen, que confessou: "Costumo viver no passado porque minha vida está quase toda lá." Neste país do futuro, consumidores valorizam o que é novo ou está na moda e "progresso" é o lembrete inscrito na bandeira. Aqui, dizem: "Quem vive do passado é museu."

Os brasileiros vão a museus ver arte contemporânea, e não artefatos culturais. Ao contrário dos europeus, têm pouca ligação com a própria história. Aqui, cidades coloniais têm sofrido décadas de descaso. Igrejas de Ouro Preto e Mariana com paredes rachadas e infestadas de cupins correm o risco de desabar. E o centro histórico de São Luís, no Maranhão, é todo degradado.

Em comparação, os italianos glorificam seu passado preservando grande parte da Roma antiga e usando vilarejos toscanos como repositórios de arte e arquitetura medieval e renascentista. Os alemães confrontam a vergonha de seu terrível passado do século XX construindo museus do Holocausto e memoriais em campos de concentração e fazendo filmes sobre atrocidades nazistas.

Os brasileiros, no entanto, vivem no presente *hi-tech*. O Brasil se gaba do quinto maior número de usuários de internet no mundo e 50% de todos no Orkut. O Rio é a capital mundial da cirurgia plástica, que remove do rosto traços do passado. Brasília, que JK disse ser projetada como "uma ruptura total com o passado", ainda parece futurista 49 anos depois. E carrões superequipados são tão comuns que é difícil acreditar que João Goulart fugiu do país de Fusca.

Por não olharem para trás, os brasileiros não entendem a fascinação americana com o ritual da reunião de turma. A cada década, centenas de colegas da mesma escola voltam à cidade natal para compartilhar lembranças da adolescência, uma parte crucial de seu passado. Não perdi uma em quarenta anos

O aviso do filósofo americano George Santayana — "aqueles que não podem lembrar o passado estão condenados a repeti-lo" — é ignorado aqui. Que outro povo tem memória tão curta que elege para o Senado um presidente que se retirou para evitar impeachment e mantém coronéis no poder depois de abusarem do mesmo? Corrupção e impunidade são tradições tão antigas e enraizadas que expõem uma das maiores contradições do Brasil, que é também o país do passado.

Esta também é uma cultura centrada nos jovens. Ao contrário das culturas chinesa e indígena, não venera os mais velhos pela sabedoria e por serem repositórios do passado. Aqui, os idosos se sentem inúteis. Então, raramente aparecem em público, como em Pequim, onde praticam artes marciais nos parques, ou em Amsterdã, onde passeiam de bicicleta. Aqui, assistem pela janela enquanto o desfile passa.

O idoso vive mais no passado do que outros porque muito mais de sua vida está lá. Ainda assim, o passado se acumula atrás da gente a cada respiração. Mas só tem valor se você aprende com ele. Ou, como disse Kierkegaard: "A vida só pode ser vivida olhando-se para a frente, mas só pode ser compreendida olhando-se para trás."

6 de agosto de 2009

# Cumplicidade na cultura do "QI"

Não me dei conta de quão pouco tinha me abrasileirado até aceitar um bico aqui anos atrás. Antes do bico, eu era um jornalista estrangeiro, e meu convívio com brasileiros era em filas, festas e outras farras. Mas o empreguinho nos aproximou no local de trabalho, onde as regras e hierarquias eram novas para mim.

Meu bico — fazer a narração em inglês de um programa bilíngue que passava em voos internacionais — tomava só uma hora por mês. E a minha relação com os colegas de trabalho era fraternal e tranquila. Isso até eu receber uma ligação do sonoplasta que acidentalmente havia apagado parte da narração que eu acabara de gravar, pedindo que voltasse ao estúdio "já, já" para regravar. Quando perguntei se ganharia pelo trabalho extra, ele ficou furioso. Por quê? Ele teria de pedir a permissão do patrão e, assim, expor o seu erro.

Então, quando voltei ao estúdio, fui recebido com uma cara feia e um discurso. "Pô, cara, você recusou quebrar um galho pra mim, me expondo ao meu chefe. Aqui, todo o mundo é amigo, e uma mão lava a outra." Eu disse que o pedido para que voltasse "já, já" me pareceu mais uma ordem do que um favor, e que eu nunca tinha pedido que ele lavasse minha mão para encobrir um erro meu. Então, perguntei como esse acordo me beneficiaria.

Mas a cara feia não mudou. Então, para fazer as pazes, disse: "Venho de uma cultura que valoriza o tempo do funcionário, e você vem de uma que valoriza sua cumplicidade. Mas vivo na sua cultura. Então, se esse acidente se repetir, faça seu pedido parecer um favor, não uma ordem." E, de repente, a cara feia sumiu.

Às vezes, o que cria essa cumplicidade é uma rede QI (Quem Indica) que começa na juventude. Os empregadores aqui esperam que os funcionários, especialmente os contratados via rede QI, sejam cúmplices de suas políticas injustas. Empregados provam a cumplicidade trabalhando longas horas extras, não remuneradas. Eles compensam essa exploração emendando feriados. Os patrões fingem não notar porque lucram mais com o desequilíbrio do tal "uma mão lava a outra". No caso do bico, entrei nesse esquema. E, quando o larguei, as mãos que lavei apertaram a minha, como se dissessem "parabéns, gringo, você virou brasileiro".

17 de agosto de 2010

# Um preconceito universal

Quando vou a festas e digo a um brasileiro que me mudei para cá dos Estados Unidos há mais de suas décadas e estou casado com uma brasileira com dois filhos por boa parte desse tempo, ele geralmente diz: "Ah, então você já é brasileiro." Mas se alguém na mesma festa perguntar a esse brasileiro quem sou, ele invariavelmente diz que sou um gringo.

Ao me dar esse rótulo, os brasileiros não fazem qualquer distinção entre mim e o estrangeiro que chegou aqui ontem. Apesar de eu me ver como meio americano/meio brasileiro, sempre serei considerado gringo aqui. Embora o brasileiro seja talvez o povo mais hospitaleiro do mundo, tem como qualquer outro povo um sentimento bairrista, "nós contra eles", em relação a forasteiros. Pode se dizer que é uma forma universal de preconceito.

Não importa que eu ame este país, meu lar adotivo, ou que torça contra a Argentina em qualquer jogo de futebol, seja qual for o adversário. Não importa que eu condene o governo

Bush, especialmente sua política externa, e me desassocie da maioria americana que a apoia. Nada disso impede que alguns brasileiros, críticos dos *yankees*, me perguntem: "Por que vocês, americanos..."

Mesmo brasileiros naturalizados sofrem com o preconceito bairrista do "nós contra eles". Esses "cidadãos de segunda categoria", como diz o cronista naturalizado brasileiro Fritz Utzeri, não podem ser oficiais das Forças Armadas, não podem ser donos de meios de comunicação e nem sequer capitães de navios de cabotagem. Quando FHC nomeou Henri Philippe Reichstul presidente da Petrobras em 1999, os sindicalistas foram contra a nomeação simplesmente porque ele era naturalizado.

Nem nos Estados Unidos esse preconceito bairrista é um grande impedimento ao exercício de função pública. O americano naturalizado Arnold Schwarzenegger foi eleito governador da Califórnia não só por ser astro de cinema, mas também por ser imigrante em um estado repleto de imigrantes. É difícil imaginar um brasileiro naturalizado (ou até um carioca da gema) tornando-se governador de São Paulo.

Por outro lado, os americanos não recebem a maioria dos estrangeiros de forma tão calorosa. Sua própria postura bairrista se reflete no sentimento de que são superiores a outros povos, especialmente aos estrangeiros de pele escura. Este — além dos ataques do dia 11 de setembro — é o motivo do duro interrogatório que o pessoal da imigração americana impõe a visitantes de países pobres.

Assim como os americanos me atacam por reprovar seu preconceito bairrista, o do "nós contra eles", os brasileiros fazem o mesmo quando escrevo crônicas que critiquem esta cultura. Os mesmos brasileiros que me dizem "você já é brasileiro", ao ouvir o mais leve questionamento sobre o país, são capazes de dizer: "Se não gosta daqui, volte para casa." Esta frase é mais uma forma universal do preconceito.

Este preconceito me ensinou que se sou — como a frase "você já é brasileiro" sugere — um membro desta tribo, sou um membro adotado. Aprendi que meu lugar periférico nela, por todas as censuras que recebo por criticá-la, é um direito reservado apenas para os que nela nasceram.

4 de abril de 2004

Comentário:

Em 2008, um comercial de TV das sandálias Havaianas fez uma paródia do risco que um estrangeiro corre em criticar este país, ainda mais se for argentino. Lázaro Ramos está em uma barraca de praia com o dono do quiosque, praticando um dos passatempos preferidos dos brasileiros — se queixar do país. É quando entra na conversa um argentino que também passa a reclamar do Brasil. De repente, Ramos e o dono da barraca mudam radicalmente de opinião e começam a defender o país, se indignando com as críticas do portenho. "Tá maluco?", acusa Ramos. "Aparece cada uma!", acrescenta o outro.

# Pousadas sem repouso

É difícil imaginar um viajante na Semana Santa lendo esta crônica à noite na cama de uma pousada. Isso porque a probabilidade de seu quarto ter luz de leitura instalada na parede é quase zero. Muitos quartos nem têm um abajur ao lado da cama. A ausência desses aparelhos, mesmo em pousadas caras, mostra que, até entre brasileiros mais ricos, ler não faz parte do lazer. Afinal, quem aqui leva um livro para a praia?

Nas pousadas, eu e minha mulher usamos lanternas para ler na cama. E quando eu peço ao gerente um abajur — apenas como alternativa à luz do teto — ele lança um olhar estranho, revelando que raramente recebe *esse* pedido. As áreas sociais das pousadas daqui não têm nada para ler, exceto números antigos de *Caras*, *Contigo* ou *Quem*. Diferentemente da maioria das pousadas americanas e europeias, que têm luz de leitura, abajur e área social repleta de livros deixados por outros hóspedes.

Os quartos da maioria das pousadas daqui têm TV e frigobar lotado de cerveja, o que reflete os prazeres noturnos deste povo. Mas, em um país de noites quentes e mosquitos, muitos não têm ventilador de teto ou tela nas janelas. Talvez isso explique por que, ao acordar em uma pousada no Maranhão, me vi dividindo a cama com um morcego.

Apesar de muitas pousadas aqui terem piscina e sauna, quase nenhuma tem colchão de mola. É como se dissessem: "Aqui, um bom sono é secundário." Seus colchões de espuma são geralmente tão moles que me dão dores lombares ou tão duros que pressionam minhas costelas a ponto de parecer tortura. Quando eu e minha mulher chegamos a uma pousada, ela espera no carro por um sinal meu de que o colchão em que me estiquei não vai abusar da minha anatomia. O olhar mais estranho que uma dona da pousada já me lançou foi quando eu disse: "Antes de decidir se fico, vamos a um quarto testar o colchão."

Algumas camas de pousada trazem outros problemas. Durante um ano-novo romântico, numa pousada quatro estrelas em Ilha Grande, eu e minha mulher testávamos o colchão quando as pernas da frente do estrado de madeira quebraram, mandando nossas cabeças ao chão e nossos pés na direção da TV instalada perto do teto. Quando eu disse à dona da pousada o que acontecera, suas sobrancelhas arqueadas pareciam criticar não seu estrado, mas o meu entusiasmo.

Algumas pousadas caras em locais românticos têm quartos com duas ou mais camas de solteiro. Faria sentido em pousadas de preço médio, destino preferido por famílias, mas não naqueles bangalôs chiques, à beira-mar, que atraem principalmente casais.

Quando só sobram quartos com camas de solteiro, eu e minha mulher não juntamos as camas. Isso cria um fosso que torna impossível dormir coladinho. Em vez disso, apoiamos os estrados na parede, juntamos os colchões do chão e sacamos nossas lanternas. O arranjo me lembra de quando eu acampava. Naquela época, eu não me importava com a falta de conforto. Mas hoje eu questiono por que alguém com um corpo bem mais velho e uma conta bancária bem maior é obrigado a tirar férias como se ainda fosse escoteiro.

5 de abril de 2007

# A mania nacional da transgressão leve

Pequenos delitos, transgressões leves que passam impunes, estão tão institucionalizados no Brasil que os transgressores nem têm ideia de que estão fazendo algo errado. Ou então acham esses "miniabusos" irresistíveis, apesar de causarem "minidanos" e/ou levar a delitos maiores. Esses maus exemplos são tão contagiosos que, em uma sociedade na qual proliferam, ser um cidadão-modelo exige que se reme contra uma poderosa maré ou beirar a santidade.

Alguns pequenos delitos — fazer tanto barulho em casa a ponto de incomodar os vizinhos ou usar as calçadas como depósito de lixo, carros e cocô de cachorro — diminuem a qualidade de vida em pequenas, mas significativas doses. Eles ilustram o ditado de Millôr: "Nossa liberdade começa onde podemos impedir a dos outros."

Ano passado, o grupo de adolescentes que furaram a enorme fila para o show gratuito de Naná Vasconcelos, onde eu e outros esperávamos por horas, impediu nossa liberdade. Eles receberam os ingressos gratuitos que deviam ser nossos, mas esgotaram antes de chegarmos à bilheteria.

Outros pequenos delitos causam danos porque representam uma pequena parte da reação em cadeia que corrói o tecido social. Os brasileiros que contribuem para a rede de consumo de drogas não são apenas os que compram, mas até os que consomem de vez em quando em festas. Uma simples tragada liga você, mesmo que de modo ínfimo, ao traficante e à bala perdida. Mas atos aparentemente tão inócuos e difíceis de condenar nos forçam a pensar no que constitui um pequeno delito.

Por exemplo, que dano social pode ser causado pelo roubo de "lembrancinhas" — de toalhas e cinzeiros de hotel a cobertores de companhias aéreas? Bem, os hotéis e companhias aéreas compensam o custo de substituir esses objetos aumentando levemente o preço das passagens aéreas. Os varejistas fazem o mesmo para compensar as perdas com pequenos furtos. E quem paga pelos "gatos" são aqueles cujas contas de luz aumentam em decorrência deles.

Outros pequenos delitos são mais fáceis de classificar, mas igualmente tentadores de cometer. Veja o garoto que obedece ao trocador, passa por baixo da roleta e lhe passa uma nota de R$ 1, em vez de pagar à empresa de ônibus R$ 1,60. Esse suborno não é igual a pagar à polícia uma propina para se safar?

Um dos meus vizinhos disse que alguns desses pequenos delitos, como vários tipos de caixa 2, são fruto da necessidade. Ele escreve, mas não assina, monografias para que universitários preguiçosos/ocupados terminem seus cursos. É assim que põe comida na mesa. Apesar de defender sua atividade antiética dizendo que "a fome também é antiética", ele bem que podia perder vinte quilos.

Outro vizinho vendeu sua cobertura no Rio com uma vista espetacular da floresta da Tijuca porque descobriu que, dentro de um ano, um arranha-céu seria construído, acabando com a vista e desvalorizando o imóvel em R$ 50 mil. Ele disse isso aos compradores? Não. E eu também não considero este delito tão pequeno, diante do valor do prejuízo.

Apesar de os delitos pequenos estarem institucionalizados demais para que os notemos, ou serem tentadores demais para resistirmos, dizer "não" a eles beneficia a sociedade como um todo. E um "não" vigoroso o bastante pode alertar os distraídos e os fracos de espírito de que, em uma sociedade que se guia pela "lei de Gerson", nossa bússola moral pode nos apontar o caminho.

26 de abril de 2004

# Virando um alvo maior

Até recentemente, eu e minha mulher acreditávamos ser fisicamente vulneráveis, mas só a acidentes, não à violência intencional. Apesar de vivermos no Rio de Janeiro, cercados de violência — ou mesmo, guerra civil —, nos recusávamos a acreditar que poderia estar direcionada à gente. Andávamos pela praça pública como se estivéssemos a salvo dentro de bolhas de vidro, blindados contra balas intencionais, assim como a socos, tapas e pontapés.

Para a minha mulher, essa ilusão se desfez alguns meses atrás. Ela estava cruzando de bicicleta a rampa de entrada de um posto de gasolina quando, de repente, um motorista entrou na rampa e deu uma cortada em alguns carros no sinal fechado para passar para a frente da fila. A burrada dele colocou os dois em curso de colisão. Ela freou e pediu que ele parasse, abrindo a mão espalmada. Isso fez com que o motorista, um pit-idoso, entrasse em um estado de ódio cego, puxasse o revólver e apontasse para ela. Por sorte, a mulher dele, uma velhinha sensata, arrancou a arma da mão dele.

Minha bolha de vidro estourou no fim do ano passado. Eu estava atravessando a rua em uma noite de chuva quando um carro virou a esquina velozmente e quase me atropelou. "Pare!", eu gritei, num berro de pavor e raiva. Provocado, o motorista, um pit-boy, freou e pulou do carro, ameaçando me dar uma surra. Foi quando a namorada dele gritou: "Amor, não bate nele! É um senhor!"

Antes desses incidentes, nós sabíamos que a praça pública podia virar um campo de batalha. Nas grandes cidades, inocentes morrem durante tiroteios em ruas entre policiais e bandidos ou quando reagem a assaltos à mão armada. E palavrões trocados entre motoristas irados acabam em tiros fatais. Mas não tínhamos nos dado conta de que um gesto ou grito defensivo poderia nos causar danos físicos.

Agora que sabemos, nós nos perguntamos: "O aumento da pressão da vida moderna urbana tornou-se tão estressante e alienante que a violência virou uma válvula de escape institucionalizada?" Se é assim, nós viramos alvos maiores. Um advogado carioca me disse que eu ficaria chocado se visse quantas pessoas, algumas que ele mesmo defendeu, atiram e matam os vizinhos.

Os estranhos, uma espécie imprevisível, são a maior ameaça. Alguns têm pavios tão curtos que qualquer coisa acende. Como eu e minha mulher descobrimos, essas pessoas não são cabeças-quentes. São "espoletas humanas". Minha reação àqueles que não limpam o cocô que os cães deixam na calçada agora depende do sexo, da idade, do tamanho e da aparente condição física do dono. Minha mulher, ainda mais recolhida, tem uma política até mais prudente: "Não procure sarna para se coçar."

16 de fevereiro de 2006

# Contemplações
## Sobre viagens, política americana e outras coisas

"O termo 'autor migrante' soa meio tautológico. Qualquer escritor autêntico migra dentro de sua arte e permanece lá."

VLADIMIR NABOKOV, romancista russo, numa entrevista publicada num jornal de Nova York, logo depois de ter migrado para os EUA em 1940, fugindo de Paris, então ocupada por exércitos nazistas.

"Máscaras são expressões congeladas e ecos admiráveis de sentimentos ao mesmo tempo fiéis, discretos e superlativos. Coisas vivas em contato com o ar precisam adquirir uma membrana. E não há nada contra as membranas, só porque não são corações. Ainda que alguns filósofos possam ficar bravos com imagens, porque elas não são coisas, e com palavras, porque elas não são sentimentos. Palavras e imagens são como conchas, partes não menos integrais da natureza que as substâncias que elas cobrem, apenas mais visíveis aos olhar e mais abertas à observação."

GEORGE SANTAYANA, filósofo americano, *Solilóquios na Inglaterra* (1922)

# Casulo e borboleta

Minha mulher, Rosa, diz que sempre que viajamos nas férias sai de meu casulo uma borboleta. O casulo a que se refere é o escritório em que escrevo, a casa em que hiberno, e nosso bairro carioca do qual raramente me aventuro a sair. A borboleta seria a criatura inquieta e vibrante que me torno quando estou em um ambiente novo e agradável.

Eu também notei a metamorfose. Quanto mais remoto nosso destino, por mais difícil que seja de chegar, mais energizado eu fico. Não estou em ruínas quando chegamos às próprias. Templos maias me revivem. Os costumes e perspectivas dos povos indígenas despertam minha curiosidade. O peixe na brasa que uma colônia de pescadores compartilhou comigo e Rosa na Ilha do Caju, na costa do Piauí, levou a um animado papo que trouxe à tona minha borboleta azul interior.

Há alguns anos, visitando o Museu Chagall, nas colinas sobre Nice, foram as cores fortes e pulsantes do pintor e suas personagens flutuando no ar que me deram asas. Eu convenci

Rosa a se aventurar em uma carona de volta à cidade, em vez de pegar o ônibus, para ver quem conhecíamos. O mexicano que nos levou se tornou um amigo com quem viajamos por Provença. Este não é o Mike em seu hábitat, um cara que não se esforça muito para conhecer os vizinhos, nem ao menos o nome de seus porteiros.

Eu conheci três vizinhos de prédio só porque os encontrei em viagens. Rosa reconheceu um deles num restaurante em Tiradentes e os outros dois numa rua de São Luís. "Olhe, são o Guido e a Helena", ela disse. "Quem?", perguntei. Tive de ir ao Maranhão para conhecer um casal que morava no prédio vizinho há quase uma década. Isso me fez ver como meu casulo me deixa isolado, me fazendo esquecer algo bem básico: como as pessoas são fascinantes, não importa quem sejam.

Viagens também fazem grupos ficarem mais coesos, forçando a proximidade física de seus membros. Aprendi isso quando viajei com Rosa e seus dois filhos para Paraty. Antes daquela viagem, nós quatro nunca havíamos jogado juntos um jogo, nem baralho. Em Paraty, brincamos de mímica. E o jogo nos mostrou como jogávamos bem juntos. Quando voltamos de férias, minha natureza lúdica e vibrante desaparece. Uma vez, um casal carioca que eu e Rosa conhecemos na Bahia nos convidou para ir à casa deles depois de voltarmos ao Rio. E eles ficaram chocados com a metamorfose. Ele perguntou se eu estava doente, e ela quis saber se algo havia me deixado na fossa.

Eles também não acreditaram quando eu disse que estava bem. Por quê? De volta ao meu habitat, meus olhos perderam o brilho, minha voz perdeu o entusiasmo. E, apesar de nossas tentativas, nunca mais nos vimos. Rosa, que vê nossas férias como a chance de passar tempo com um marido mais atraente, me lembrou por quê. "As pessoas que te conhecem nas viagens presumem que 'o Mike de férias' é quem você é", ela disse, "então, se decepcionam quando aquela borboleta fica com jeitão de lagarta."

28 de setembro de 2006

# Mega é melhor?

Talvez o tamanho desproporcional de top models e escolas de samba no Sambódromo possa explicar por que esses megaespetáculos raramente me fascinam. Mulheres em escala menor e blocos de rua, ambos mais acessíveis, me encantam mais. O mesmo se aplica a cachoeiras. Uma queda d'água única sobre uma pedra pode, para mim, transcender até a sensação oferecida pelas Cataratas do Iguaçu.

Claro, Iguaçu é de tirar o fôlego, mas sua grandiosidade mantém as pessoas à distância. Cachoeiras menos estupendas, que massageiam suas costas, lavam seu suor e oferecem um bom lugar para nadar não são mais convidativas? Afinal, qual é a graça de passar horas caminhando até uma cascata em que você não pode se molhar e com que não pode interagir? Não é como a diferença entre suspirar por uma celebridade e ser seduzido por alguém que acaba de conhecer?

Em Jaciara (Mato Grosso), fui atraído a uma caverna por um volumoso jorro d'água que caía de seu teto dentro de uma depressão criada pela força da cascata. A poderosa queda havia criado um caldeirão espumante de bolhas em que cabiam sete pessoas. Iguaçu oferece muito, mas não uma jacuzzi natural, a não ser que você tenha cansado da vida.

O que torna a Cachoeirinha, no Parque Estadual de Ibitipoca (Minas Gerais), tão sedutora é sua cor e seu contexto. Depósitos minerais garantem aos rios do parque um tom dourado-escuro reluzente, realçado por leitos de calcário. E, já que a Cachoeirinha, um córrego cor de Coca-Cola, caindo sobre um veio cor de creme, exige quatro horas de caminhada pelo cerrado árido e seco, é um oásis.

A Cachoeirinha me tornou um fanático por cascatas, um cão de caça, farejando o campo atrás desses esparsos pedaços de paraíso. E, uma vez que não tenho uma imagem preconcebida do paraíso, cada versão que encontro é uma revelação, uma visão exclusiva — já que quase todos os outros estão na praia.

Indiana Jones, a cascata próxima a São Pedro da Serra, no estado do Rio de Janeiro, foi uma dessas revelações. Enquanto vencia o terreno à volta de um cânion de rio, três pedras redondas — do tamanho da que perseguiu Indiana Jones — ligavam suas paredes estreitas, esculpidas pela cachoeira atrás delas.

Uma cascata na Serra da Bocaina, fronteira dos estados do Rio e São Paulo, também me deixou de queixo caído. Depois de caminhar pela Mata Atlântica até um córrego que despencava precipício abaixo, vi que não havia mirante para a cachoeira. Então, boiei no córrego e esperei que as nuvens se dissipassem. Quando se foram, revelaram toda a Baía de Angra dos Reis, suas ilhas e a Ilha Grande ao fundo.

Muitas das maravilhas do mundo, natural ou não, não são monumentais. Essas pequenas joias enfeitiçam porque sua escala reduzida convida você a interagir com elas e despertar seus sentidos. Maravilhas — sejam cascatas, carnavais ou pessoas do sexo oposto — não precisam ser "mega" para fazerem você dizer "uau!". Cachoeiras ficam ainda mais encantadoras se são exclusivas, se a única outra pessoa com quem você as compartilha for também uma maravilha.

7 de fevereiro de 2008

# Expectativas específicas

Quanto maiores e mais específicas forem as suas expectativas, mais provável será que você saia desapontado. Veja a minha recente viagem a Mamirauá, reserva ecológica localizada em um canto remoto do Amazonas. Fui para lá em busca do uacari, um macaco careca, de cara vermelha e corpo recoberto de pelos brancos, um tanto parecido comigo se eu estiver nu e queimadão de sol.

O macaco também é inquieto como eu. É tão arisco, ativo e rápido que é difícil obter mais que um vislumbre dele antes que pule para as copas das árvores mais distantes para se esconder. Durante minha semana em Mamirauá, nenhum dos ecoturistas conseguiu tirar uma foto do uacari. Quando, por fim, vi um de relance — uma passageira mancha branca —, perguntei a mim mesmo se aquilo era tudo.

Não. Miramauá, criada para proteger o uacari, abriga macacos menos evasivos, preguiças, jacarés, botos e grande riqueza de aves ribeirinhas. Minha criatura favorita era um tamanduá pequeno e raramente visto que galgou lentamente uma árvore para me evitar. Assim que se viu fora de meu alcance, esticou-se e olhou para baixo, tão fascinado por mim quanto eu por ele. Estudamos um ao outro durante 15 minutos. Enquanto procurava por algo específico, encontrei algo especial.

Nem todo mundo é capaz de realizar esse ajuste. Alguns que buscam em vão por gorilas das montanhas em Ruanda, ou pelo quetzal, um colorido pássaro centro-americano igualmente difícil de achar, voltam para casa decepcionados ou com uma sensação de fracasso. Sua obsessão não permite que sejam receptivos a qualquer outra coisa que não aquilo que estão buscando. Como disse o escritor Hermann Hesse, "ao tentar atingir sua meta, você deixa de ver muita coisa que está diante de seu nariz".

Minha mulher, menos obcecada que eu pelo uacari, deixou-se cativar pelas figueiras gigantes, pelos cipós se entrelaçando e pelas vitórias-régias floridas. Os americanos, que são a grande maioria dos que vão a Mamirauá — ir à Amazônia é coisa de americano —, não se sentem desapontados, porque nunca ouviram falar do uacari. O que eles encontram na Amazônia é o exótico, da mesma maneira que aquilo que os brasileiros encontram em Nova York e Paris é o chique.

Minhas expectativas com relação ao uacari poderiam ter causado decepção semelhante à das pessoas que procuram em vão por um gorila ou um quetzal. Passei meses contemplando a foto de um desses macacos na capa de um livro sobre Mamirauá, tirada por um amigo fotógrafo que me contou o quanto o animal era visualmente impressionante e inesquecível.

Em Mamirauá, eu evitei a decepção ao mudar minhas expectativas, mas sem rebaixá-las, uma saída perigosa. Algumas pessoas reduzem tanto suas expectativas que se acostumam a receber pouco demais — seja de um casamento, seja de uma carreira, seja de um cruzeiro pelo Caribe. Tornam-se acomodadas, em lugar de ficarem abertas a possibilidades antes não contempladas. É a diferença entre se conformar com um limão ou usá-lo para fazer uma limonada.

4 de março de 2010

# Um negro na Casa Branca?

Alguns amigos brasileiros me perguntaram recentemente de que maneira Barack Obama poderia ter chances grandes de se tornar o próximo presidente dos Estados Unidos, uma sociedade racista na qual os negros são uma minoria da população (13%). A questão me fez perceber que a complexa sociedade norte-americana não é fácil de compreender para os estrangeiros. Se, como diz Jobim, "o Brasil não é para principiantes", tampouco o são os Estados Unidos.

Ao contrário do Brasil, respondi a esses amigos, os negros e brancos norte-americanos tendem a manter a distância, socialmente. Eles frequentam igrejas, bares e clubes sociais diferentes, raramente formam amizades inter-raciais e há poucos casamentos mistos. Por quê? Uma história de segregação racial e mútuo preconceito os mantém separados. Mas, ao mesmo tempo, os ambientes de trabalho norte-americanos estão se tornando mais e mais integrados.

Desde o movimento pelos direitos civis, nos anos 60, os negros dos Estados Unidos melhoraram sua situação econômica e formaram uma robusta classe média. Isso permitiu que atingissem posições de poder — como os últimos dois secretários de Estado, governadores de estados ou presidentes de empresas — anteriormente reservadas aos brancos. À medida que transferiam poder à classe média negra, ao longo dos últimos quarenta anos, os brancos começaram a se sentir mais confortáveis com essa transferência — sobretudo quando os negros que recebem o poder se sentem confortáveis consigo mesmos.

Obama é um desses negros. O movimento pelos direitos civis também o beneficiou, embora ele não provenha de suas fileiras. E porque ele não emprega a retórica veemente desse movimento, não parece ameaçador aos brancos. Essas razões explicam por que ele tem o apoio não só de muitos eleitores brancos como de líderes de seu partido no Senado, onde ele está há apenas três anos.

Uma das razões para que Obama tenha vencido a primária de seu partido em Iowa, estado com população 98% branca, e para que ele tenha quase derrotado Hillary Clinton nas primárias de Nevada e New Hampshire, onde a composição demográfica é semelhante, é o fato de ele próprio não dar destaque ao fator raça. Só na Carolina do Sul, onde os negros são 50% do eleitorado do seu partido, a raça influenciou em sua esmagadora vitória.

Por ter passado parte de sua infância na Indonésia, Obama não é cego à maneira como outros povos enxergam os Estados Unidos. Foi por isso que se opôs à guerra no Iraque bem antes que ela se iniciasse. É por isso que ele deseja suavizar as divisões dentro do país e aquelas entre os Estados Unidos e o resto do mundo, pondo fim à guerra. Sua visão multicultural faz dele o perfeito arauto dessa mensagem inspiradora.

De certa maneira, Obama é o Sidney Poitier da política norte-americana. Poitier foi o primeiro ator negro a estrelar em papéis criados deliberadamente para desafiar os estereótipos raciais. Em *Adivinhe quem vem para jantar*, filme de 1967, ele interpreta um médico que supera as objeções dos pais da mulher com quem pretende se casar. Como? O fato de que ele tenha estudado em Harvard e planeje trabalhar com os pobres ajuda (foi isso, aliás, que Obama fez antes de estudar em Harvard). Mas o principal motivo para que os conquiste é a maneira como se define. Como ele diz ao seu pai, um homem de classe operária: "Você se define como homem de cor, e eu me defino como homem."

Obama é um dos muitos negros apreciados pelos brancos (e por pessoas de outras raças) porque desafia os estereótipos raciais. Outro exemplo é Chris Rock, humorista que permite aos brancos rir sobre a cultura negra enquanto ao mesmo tempo conta piadas que permitem aos negros rirem sobre a cultura branca. Outro caso é o de Morgan Freeman, que quase sempre encarna personagens dignos, e interpretou Deus em *A volta do todo poderoso*, filme de 2003. Para perceber até que ponto isso representa uma quebra de precedentes, imagine se, no filme *Deus é brasileiro*, também de 2003, o papel do Criador fosse interpretado não por Antônio Fagundes, mas por um ator negro.

Caetano Veloso disse certa vez que Nova York não é os Estados Unidos, mas que uma cidade tão multirracial e multicultural só poderia existir nos Estados Unidos. O mesmo poderia ser dito sobre Obama. Ele não é sinônimo dos Estados Unidos, mas apenas nos Estados Unidos, país em que os brancos predominam, o racismo tem raízes profundas e os ambientes de trabalho se tornaram mais integrados racialmente, um negro poderia ser presidente.*

28 de janeiro de 2008

*Barack Obama virou presidente dos Estados Unidos e o 44° ocupante da Casa Branca no dia 20 de janeiro de 2009.

# A humilhação voluntária de Silda Spitzer

A imagem mais constrangedora da semana, para mim, foi a do rosto estoico, mas abatido, de Silda Spitzer, mulher do governador do estado de Nova York, que ficou ao lado do marido na entrevista coletiva em que ele anunciou sua renúncia ao cargo, após a divulgação da notícia de seus vínculos com uma rede de prostituição.

E me perguntei por que razão uma mulher tão arrasada optaria por compartilhar com seu marido um momento de atenção pública dessa natureza. Para que fazer uma demonstração pública de fé em seu marido no momento em que ele está publicamente admitindo sua infidelidade a você? Ou, nas palavras da colunista do *New York Times* Gail Collins, no que descreveu como memorando a futuros políticos publicamente desonrados: "Não queremos ver mais esposas feridas em entrevistas coletivas. Nem mesmo que ela se ofereça voluntariamente. É seu momento de humilhação suprema, não o dela."

Quando minha mulher, brasileira, expressou o mesmo sentimento, indignada, expliquei a ela o papel da mulher do político americano: apoiar publicamente o marido, não importa o que ele faça. A mulher do governador de Nova Jersey, James McGreevey, ficou ao lado dele numa coletiva de imprensa em 2004 em que ele se declarou homossexual e renunciou a seu cargo.

Em entrevista à TV em 1992, Hillary Clinton, ao lado de seu marido, candidato presidencial, falou do respeito que tinha por ele, enquanto ele mentia sobre alegações feitas por Gennifer Flowers de que os dois haviam tido um caso durante 12 anos.

Expliquei à minha mulher que, nos Estados Unidos, os casamentos são vistos como sociedades, e que os casamentos políticos criam equipes ainda mais fortes, parcerias conjugais que, às vezes, nascem nas faculdades de Direito da elite. Bill Clinton conheceu Hillary quando os dois estudavam em Yale; Eliot Spitzer conheceu Silda na Faculdade de Direito de Harvard; e John Edwards, candidato à presidência dos Estados Unidos em 2004 e 2008, conheceu sua mulher, Elizabeth, numa outra prestigiosa faculdade de Direito.* A esposa/sócia faz campanha para seu marido e, quando se torna primeira-dama, às vezes recebe poder político. Hillary Clinton comandou iniciativas políticas de peso, entre elas o plano de saúde do governo Clinton.**

---

*Elizabeth foi favoravelmente comparada a Silda por se ter recusado a aparecer ao lado do marido numa entrevista para TV em agosto de 2008, quando ele admitiu ter tido um caso.

**O presidente Barack Obama e sua mulher, Michelle, estudavam Direito em Harvard, mas se conheceram numa firma de advocacia em Chicago. Michelle não tem poder político na Casa Branca.

A primeira-dama brasileira não é vista como sócia desse tipo, ocupa um cargo puramente simbólico e não é obrigada a expor-se à atenção pública. Quando senadores brasileiros acusados de corrupção renunciam a seus cargos, suas mulheres geralmente não estão a seu lado.

Nos Estados Unidos, quando políticos são maculados, suas mulheres se posicionam a seu lado em público porque, na condição de sócias políticas, sentem-se na obrigação de compartilhar a vergonha dos maridos. E essa vergonha pode ser enorme. Por quê? Nos Estados Unidos, um país protestante, o poder de um político está ligado a uma suposta vida virtuosa aos olhos de Deus, sempre pronto a castigá-lo. Assim, o político se apresenta como um modelo de integridade e fidelidade conjugal.

Quanto mais um político trai essa imagem, maior é sua queda e maior sua vergonha. A vergonha de Bill Clinton foi grande porque, ao longo de toda sua carreira política, ele negou terminantemente seus casos extraconjugais, até que a prova de um deles — um vestido azul, agora famoso, manchado de sêmen — o obrigou a admitir o caso com Monica Lewinsky. A vergonha do governador Spitzer foi maior ainda devido à sua hipocrisia. Na condição de promotor distrital de Manhattan, ele denunciou pelo menos duas redes de prostituição e criticou esse crime publicamente em várias ocasiões.

No Brasil católico, assim como em outras culturas machistas, o poder de um político advém em parte de ele demonstrar que é homem. Por isso, quando eles fazem campanha e tomam posse, projetam uma imagem de virilidade heterossexual que mostra que são suficientemente machos para governar. Foi por isso que, num comício, o presidente Collor afirmou que tinha nascido com "aquilo roxo". Essa cultura do machismo é também o motivo pelo qual um político brasileiro que fosse infiel a sua mulher provavelmente não seria obrigado a renunciar a seu cargo, como fez o governador Spitzer.

Quando Spitzer anunciou sua renúncia, disse que "comecei a expiar meus fracassos particulares com minha mulher, Silda, meus filhos e toda a minha família (...) e a curar a mim e a minha família". Mas, voltando a minha pergunta original, por que não começar por poupar sua mulher da humilhação pública, mesmo que ela se voluntarie?

Como disse a mãe de Silda após a renúncia: "Você não acha que já basta [para sua família] dizer que amamos e apoiamos Eliot, e deixar por isso mesmo?"

16 de março de 2008

# O pior cego...

Por que tantas pessoas são cegas para os próprios defeitos? Estaríamos todos, como disse Nietzsche, condenados a ver o mundo e a nós mesmos a partir de nossa perspectiva parcial e distorcida? A maioria se recusa a aceitar opiniões, especialmente sobre si mesmo, que contradigam o que acredita. Alguns se recusam a ouvir a voz interior que, ao contrário da voz falada, não mente. Como diz Millôr: "O pior cego é o que não quer ouvir."

Quem elege como seu pior defeito ser perfeccionista, ingênuo ou franco demais não tem a menor ideia do seu pior defeito. Essa cegueira me lembra uma mulher com quem passei uma hora na cama, tentando satisfazer. Quando desisti e gozei, ela perguntou se "ejaculação precoce" era um problema crônico meu.

Meu irmão verborrágico se acha apenas "descritivo". Seus monólogos entupidos de minúcias podem durar tempo de uma peça curta. Quando pedi que me poupasse de uns detalhes em seus *e-mails* de sete páginas sobre os problemas legais para dispor de uma herança, ele usou um *e-mail* de dez páginas para me prometer isso.

Uma amiga não faz ideia de que é compulsivamente indecisa. Quando nos encontramos, é em lugar e hora que ela troca três ou quatro vezes antes. Uma vez, quando disse como era difícil marcar um encontro com alguém tão irresoluto, ela mudou de ideia várias vezes antes de admitir que tinha um problema. Mas, um dia depois, voltou atrás, me acusando de sempre querer as coisas à minha maneira.

Um ex-amigo não confia nos amigos, sempre suspeitando de motivos egoístas e dúbios por trás dos gestos mais generosos. Quando eu diagnostiquei sua doença, ele se recusou a acreditar em mim, dizendo que eu tinha algo a ganhar com a acusação. Ou seja, sua incapacidade de confiar evitou que visse sua incapacidade de confiar.

Um de meus defeitos que suavizei: criticava sem aceitar bem as críticas. Quando amigos me diziam isso, gritava com eles, o que tendia a reforçar o argumento. Hoje em dia, aceito melhor as críticas porque revelam tanto sobre quem critica quanto sobre mim. Eu ainda sou crítico em relação às pessoas, mas somente quando não estão presentes. Tentei ficar uma semana sem falar mal de ninguém, mas nunca passei do segundo dia.

Eu também cometo o erro de compartilhar minhas opiniões polêmicas com desconhecidos. Meu terapeuta me disse que esses desabafos descuidados me forçavam a assumir riscos sociais constrangedores. Concordei, mas disse que precisava pesquisar minha plateia antes de abrir a boca. Meu terapeuta sugeriu que, para evitar esse desconforto, eu me tornasse uma pessoa socialmente mais aceitável. Mas minha voz interior me disse que me tornar um camaleão social me exporia a um risco ainda maior: não ser autêntico. Então, procurei um novo terapeuta, um capaz de reconhecer seus próprios defeitos tão bem quanto os meus.

14 de setembro de 2010

# Uma emoção inútil

Quem não se arrepende de nada? Algumas celebridades citam a música cantada por Edith Piaf ("Non, je ne regrette rien") para parecerem bem resolvidas ou porque sobreviveram a suas decisões erradas. Mas a maioria se arrepende do leite que derramou ou, muito mais comum, que nem conseguiu beber. A gente se culpa por perder oportunidades mesmo que, na época, não tivesse outra escolha. Isso não torna o arrependimento uma emoção inútil?

O taxista se arrepende de não ter feito faculdade apesar de, quando jovem e favelado, não ter tido os meios nem a família que o empurrassem até o objetivo. A suburbana se arrepende de não ter casado com o fazendeiro milionário apesar de, quando adolescente na roça, não ter tido coragem para desobedecer à família que proibiu.

A diretora e roteirista americana Nora Ephron escreveu que se arrepende de não ter, quando jovem, apreciado seu então gracioso pescoço, que envelheceu mal e mais rápido que seu rosto. Mas que jovem admira o próprio pescoço, imaginando como ficará cinquenta anos depois?

À medida que envelhecemos, nossos arrependimentos, como nossos pescoços, podem assumir uma forma mais definitiva e desagradável. Günter Grass, o maior autor alemão vivo, abalou a terra natal com sua recente autobiografia, revelando-se arrependido de ter pertencido à infame força de elite de Hitler, a Waffen-SS. Justificou o momento da confissão dizendo que "só agora, na velhice, encontrei a forma para discutir o assunto em um contexto mais amplo".

O arrependimento que nasce de todas as chances perdidas é filho da conveniência de um dado momento, ou da falta dela. O que lamentamos não é deixar uma oportunidade de ouro passar, mas simplesmente não estar preparado para aproveitá-la na hora.

Durante meus primeiros meses na faculdade, três amigos me imploraram para ir ao que me prometeram ser um piquenique erótico com quatro desinibidas meninas locais, que haviam acabado de parar na frente do nosso prédio em dois conversíveis. Precisavam de mais um para formar os casais. Disse "não" porque tinha que estudar para a prova do dia seguinte. E pensei "outro dia", porque quando se é jovem a noção de "nunca mais" é inconcebível.

Quando chegaram em casa à noite com sorrisos enormes no rosto, já que o piquenique tinha virado suruba, me xinguei por não ter ido e jurei que não perderia outra dessas, que nunca mais me bateu à porta.

Analisando agora, me arrependo não de perder o piquenique, mas de ser virgem quando fui convidado. Não pude aproveitar porque tremia nas bases ao pensar em perder a virgindade na companhia de três homens e mais de uma mulher.

Quando nos damos conta do que tínhamos — seja um lindo pescoço ou uma oportunidade erótica, educacional ou matrimonial — já não é mais nosso para aproveitar. Ainda assim, lamentamos a perda. Grass chamou a autobiografia de *Descascando a cebola* porque refletir sobre o próprio passado é uma descoberta que ocorre ao longo do tempo, camada por camada, e produz lágrimas. Mas por que lamentar uma vida que não atingiu a plenitude que esperávamos, se percebermos depois que não poderíamos, ou nem queríamos, tê-la vivido de outro modo?

11 de outubro de 2007

# Não vivendo intensamente

"Viver intensamente" é um slogan que, no Brasil, constantemente volta à moda. No fim dos anos 60, Leila Diniz promovia essa filosofia como um modo de "achar a verdade nas coisas que faz". Paulo Coelho recentemente disse ao *Globo* que ele só é VIP se isso for a sigla de "vivendo intensamente o presente". Mas foi o sucesso do documentário *Vinicius*, no ano passado, que fez com que a mesma mensagem central, "viver intensamente", voltasse a reverberar.

Sendo uma pessoa que só vive intensamente ao dirigir no Rio de Janeiro, a mensagem não reverbera em mim. Primeiro, muitos dos que foram famosos por viver intensamente, de Ernest Hemingway a Janis Joplin, morreram de maneira trágica. Segundo, uma vida guiada pelo excesso requer uma energia que eu não tenho mais. Por fim, aqueles que vivem mais intensamente, os sem-teto e sem-tostão, só estão nessa por falta de opção.

Minha escolha foi viver em harmonia comigo mesmo e com os que me cercam — minha definição de felicidade. Vinicius disse: "É melhor viver do que ser feliz." Quer dizer, seu desejo insaciável pelo precipício da paixão valeu toda a tristeza que lhe causou. Mas talvez Vinicius tenha se casado nove vezes e namorado incansavelmente simplesmente porque, como alguns já escreveram, odiava a solidão e a monotonia. Afinal, Vinicius tratava até uísque como companheiro, chamando-o de "cachorro engarrafado".

Quando tive uma vida nada monótona, ela só acentuou minha solidão. Em meados dos anos 70, quando estava com vinte e poucos anos, passei dois anos pegando carona nos Estados Unidos, parando para visitar comunidades hippies, colher maçãs, construir casas, aprender alpinismo, ser aprendiz de guia de corredeira para ecoturistas e trabalhar como garçom. Foram talvez os 24 meses mais fascinantes do planeta para mim — um caleidoscópio de rostos e experiências, sempre mudando. Mas a falta de direção da aventura me deixou desnorteado e desamparado porque eu não tinha com quem compartilhar. Como diz a letra da música do Neil Young: "Se seguir cada sonho, você pode se perder."

Quando eu tinha 33 anos, o mesmo espírito cigano me trouxe ao Rio e quase me fez partir. Depois de três anos aqui, eu disse a uma amiga que estava pensando em me mudar para Bangcoc, "para ser uma pessoa mais interessante". "Por quê?", ela perguntou, "Está cercado por gente mais fascinante do que você e quer tirar o atraso?" Quando respondi "não" às duas perguntas, ela disse: "Então por que se submeter a essa pressão toda?"

Foi quando desci de minha montanha-russa. Casei com uma mineira, me separei quase cinco anos depois, e me casei com uma piauiense, com quem passei os últimos 14 anos. E aprendi como compartilhar minha vida com outra pessoa. Eu agora sei não só sobre o início e o fim de uma relação, mas sobre seu longo período central, cuja rotina pode fazer a entrega dionisíaca de Vinicius soar tão glamourosa, tão invejável.

Vinicius nunca se enamorou — e talvez até tivesse medo — do meio da relação porque pulava de sua montanha-russa romântica sempre que ela chegava a um trecho longo e horizontal. Não ter pulado fora nesse trecho tornou minhas aventuras mais interiores. E, apesar de caracterizada por colesterol alto, e não por altas doses de adrenalina, minha vida ainda tem seus grandes momentos e desafios.

Não sou a pessoa mais interessante da festa, mas também não sou o tipo descrito pelo poeta T. S. Eliot em "Prufrock", que "mediu a vida com colheres de café". Não vivo com limites autoimpostos sobre o que é considerado comportamento apropriado. Minha vida não é tão controlada, tão convencional assim. E, apesar de dar um documentário chato, tem trechos de harmonia que duram mais do que o poeta que disse "tristeza não tem fim, felicidade sim" pensaria ser humanamente possível.

13 de abril de 2006

# "Qual é, neguinho, qual é?"

Uma campanha do governo na TV e nas rádios pede aos brasileiros que questionem seu racismo. Há um exercício mais sutil: examine as palavras que você usa, e que alguns negros acham ofensivas, apesar de não haver qualquer intenção de ofender. Falo de termos corriqueiros como "nego(a)", "neguinho(a)", "negão". Os brasileiros devem questionar o uso dessas palavras ou esse exame de consciência é um exagero politicamente correto, rígido demais para esta sociedade racialmente relaxada?

A maioria dos negros brasileiros não liga de os brancos os chamarem de "nego(a)", "neguinho(a)" ou "negão", se essas palavras forem usadas em um tom ou contexto não pejorativo, como: "Veja aquele negão ali." Mas alguns negros ligam. Por quê? Esse rótulo faz a cor da pele — um traço que marginalizou o negro — ser a característica que o define, apesar de ele não se definir assim.

Esse tipo de rótulo racial alimenta o racismo, mesmo quando usado do modo mais cordial. Dizer "que neguinho simpático" pode soar elogioso, mas implica que ele é simpático apesar de ser negro, e que alguns negros não são simpáticos. Enquanto isso, os brancos, a raça que marginaliza, não sofrem com o rótulo racial. Enquanto Naomi Campbell é chamada de "uma negra bonita", a Carolina Dieckmann é apenas bonita. Como Millôr diz, "as ofensas são elogios que degeneraram".

"Mulata" é outra palavra que, apesar de ser dita como elogio, pode ofender. Por quê? A palavra define a mulher por sua cor de pele, a classifica como objeto sexual (como em "aquela mulatona"), e vem da palavra "mula", que remete a um híbrido impuro e inferior. Os que tentam elogiar esta mulher chamando-a de "morena", um cunho racial mais "branco" e desejável, ilustra a natureza racista desse tipo de rótulo — é como chamar um negro de "queimadinho".

Mas palavras como "nego" ou "neguinho" nem sempre ofendem, por exemplo, quando não são usadas como rótulos raciais. Alguns negros se chamam assim para demonstrar solidariedade racial ou afeição. Na Bahia, até os brancos se chamam de "ô, meu nego", um termo carinhoso. E por todo o Brasil, as pessoas usam "o nego" ou "o neguinho" em vez de "o cara" para se referir a qualquer terceiro. Até os jornais fazem isso. Um crítico de cinema do *Globo*, arrasando as continuações produzidas por Hollywood, escreveu: "Neguinho não aprende."

Diante disso, será que retirar essas palavras de seu vocabulário não seria levar a atitude politicamente correta longe demais? Não seria tão rígido quanto exigir que se mudasse o título do romance *O mulato*, uma crítica ao racismo do fim do século XIX, ou do sucesso da MPB "Upa, neguinho", que incentiva um menino a exercer seu potencial?

Nos Estados Unidos, meu país de origem, a regra politicamente correta dita que nunca se reduza pessoas a categorias raciais. Fazer isso não só menospreza o modo como as pessoas se definem, mas também incendeia antagonismos profundos em uma sociedade racialmente dividida. Eu não gostaria de ouvir um afro-americano me chamando de "aquele branco ali", assim como ele não quer que eu me refira a ele como "aquele afro-americano ali", ou pior, "aquele negro ali".

Mas será que no Brasil, onde a miscigenação deixou as pessoas mais à vontade com a mistura do que com a separação, reduzindo significativamente o antagonismo racial, essa etiqueta linguística rígida faz tanto sentido como lá? Além disso, não haveria um limite, em qualquer sociedade, para quão racialmente sensível a linguagem pode ser?

Se o rótulo racial alimenta o racismo, aqueles que se sentem mais ofendidos pela prática, em geral calados, não deveriam se opor a ela mais veementemente? Esse coro não seria uma chamada crucial para questionar nosso racismo?

24 de fevereiro de 2005

# A coroa de espinhos do Romário

Romário, ao contrário de Pelé, é polêmico demais para endeusar, contraditório demais para classificar. Quantos "bad boys" são capazes de atitudes comoventes? O Baixinho ver a filha com síndrome de Down como uma bênção ajudou a reverter o preconceito contra essas crianças. Quantos atletas procuram metas pessoais que atrapalham seu time? O milésimo gol de Romário, que o consagraria como lenda, virou seu calvário. Invertendo o significado de perder e ganhar, Romário nos força a questionar o que constitui o triunfo e a derrota.

Quando a filha de Romário, Ivy, tinha um mês, ele comemorou um gol exibindo uma camiseta com os dizeres: "Tenho uma filhinha Down que é uma princesinha." Romário viu Ivy como "especial" não por ter necessidades especiais, mas porque sua anomalia genética a tornava única, sem roubar dela uma boa qualidade de vida. Ele também chamou Ivy de especial porque ela tornou esse rei "mais feliz, mais paciente e tolerante". A atitude de Romário convenceu muitos de que uma criança com Down não é nem um peso, nem um prêmio de consolação. E isso o tornou um vencedor.

Os momentos mais polêmicos de Romário foram uma mistura de vitórias e derrotas. Ele ganhou muitos desafetos quando mandou pintar, nas portas dos banheiros do bar dele, caricaturas maldosas de Zico e Zagallo, que o cortaram da Copa de 1998 por contusão. Ele ganhou desafetos e admiradores por não ser um campeão humilde. Em 2004, ele chamou a si mesmo de "o mais importante jogador (de futebol) desde 1970". O descaso de Romário pelas consequências de seus atos gerou sentimentos ambivalentes à sua volta.

O milésimo gol de Romário também estará marcado pela ambivalência. Desde o gol 999, em março, quando o "mil" virou obsessão, seu time tem perdido, e seu técnico foi demitido. A torcida vascaína, jogadores do Vasco e a imprensa culpam a ansiedade coletiva criada por essa estatística pelo baixo rendimento do time. No *Globo*, Roberto DaMatta explicou a fonte da angústia do Romário: "Jogar somente pensando no gol é um desacato aos processos sociais, uma inversão da lógica dos jogos. O gol decorre da partida, não o contrário."

O milésimo também inverte o significado de vencer e perder, mostrando que ganhar algo pode significar perder algo e vice-versa. Veja o profissional que deixa a carreira arruinar seu casamento ou a mãe cuja atenção exclusiva ao recém-nascido afasta o marido. Veja a menina do filme *Pequena Miss Sunshine*, que une a família em pedaços durante a tentativa frustrada de vencer um concurso de beleza. Você também aprende mais com derrotas do que com vitórias, o que torna a perda um ganho. Veja o filho que se torna mais autônomo depois da morte de uma mãe dominadora.

Vencer e perder envolvem consequências imprevisíveis. Por isso, há dias em que ganhamos mais do que perdemos, e dias em que perdemos mais do que ganhamos. Mas para que fazer a contabilidade do dia a dia das vitórias e derrotas? Quem entre nós é um Romário? Quem usa uma estatística como se fosse uma coroa?

3 de maio de 2007

# Uma força incontrolável

A fama é uma faca de dois gumes, não só porque tende a ser efêmera e invasiva, mas porque é sempre incontrolável. Os famosos, apesar do poder que muitos ostentam, não têm poder sobre como serão lembrados. É verdade, aqueles que matam presidentes americanos sabem de antemão que serão notórios. Mas a fama, mesmo quando você não a busca, pode deixá-lo com um legado que distorce totalmente quem você é.

Algumas dessas caricaturas duradouras são mais lisonjeiras do que outras. Helô Pinheiro gosta de ser conhecida como a musa inspiradora de "Garota de Ipanema". O mesmo não pode ser dito de Monica Lewinsky, a estagiária da Casa Branca que será lembrada por fazer sexo oral com o presidente Clinton. Parafraseando Lewinsky: "Preferia ser bem conhecida por outra coisa."

O sufixo de "Clintongate" se refere ao escândalo que forçou o presidente Nixon a renunciar em 1974, após tentar encobrir a espionagem política encomendada por seus assessores mais próximos no Complexo Watergate. Desde o caso "Watergate", todo escândalo político americano acaba em "gate". É o legado de Nixon.

Um legado pode ofuscar uma vida de realizações. Os suicídios da poetisa americana Sylvia Plath e de Assia Wevill, que se mataram enfiando a cabeça no forno a gás, lançaram uma sombra de suspeita tão grande sobre o homem infiel com quem foram casadas, Ted Hughes, um dos melhores poetas ingleses de sua geração, que eclipsou seu trabalho.

A fama pode levar seus admiradores a confundir você com sua imagem, especialmente em Hollywood. Rita Hayworth é lembrada como a estonteante *femme fatale* de *Gilda* e como uma das mulheres mais desejadas da sua época. Mas esse legado ofusca seu insucesso no amor. Ela culpou o fim de seus cinco casamentos, nenhum dos quais durou mais de cinco anos, pelo fato de que: "Os homens se apaixonam por Gilda, mas acordam comigo."

Em seu livro *Deu no New York Times*, Larry Rohter acertou ao se indignar com as distorções da fama. "Fico incomodado com o fato de que, das centenas de matérias que escrevi sobre o Brasil (...) a reportagem sobre Lula e a bebida é a única que a maioria dos brasileiros conhece", Rohter diz. "E reconheço que, quer eu queira, quer não, 'o caso Larry Rohter' já faz parte da história do Brasil."

Mas, além do debate sobre a relevância da matéria em si, o caso não teria tido tanta repercussão (1) se Rohter não trabalhasse no jornal mais influente do mundo, (2) se um de seus editores não tivesse dado à matéria o título enganador "Gosto do dirigente brasileiro pela bebida torna-se preocupação nacional", e (3) se Lula não tivesse tentado expulsá-lo do país.

A fama brota de um coquetel imprevisível de catalisadores. Por isso muitos dos que são pegos em sua luz parecem cervos paralisados por faróis de carro. Mas até aqueles que buscam a fama estão mal preparados para ela. É verdade, quanto mais uma pessoa se conhece, menos a fama pode defini-la. Mas esta força nunca pode ser totalmente controlada e sempre tem a última palavra.

16 de abril de 2009

# Rá, ré, rí, ró... rua!

Ser demitido, assim como qualquer mudança, fica cada vez mais difícil com a idade porque aquele descarte — aquela rejeição, aquela sensação de que se tornou inútil e sem valor — torna-se mais um golpe que você vai ter de somar a todas as porradas que acumulou com o passar das décadas, sejam elas pessoais ou profissionais.

Enquanto essas porradas se acumulam, como antigas camadas estriadas de rocha sedimentar, elas não criam calo nem carapaça que nos torne mais resistentes aos futuros golpes. Envelhecer — entender que há mais estrada para trás do que à nossa frente — nos deixa frágeis e vulneráveis. Por isso, quando essas porradas se acumulam ao longo dessa parte reveladora da viagem, elas punem mais, física e psicologicamente.

Pelo fato de eu, um veterano de 54 anos dessa estrada, ter sido demitido uma porrada de vezes, sei como é duro se reerguer desses golpes com o passar dos anos. Dizem que a idade traz sabedoria. Mas, não importa quantos aniversários tivemos, nunca deixamos de nos surpreender não só com a demissão, mas com a facilidade com que pessoas aparentemente sensíveis — sem aviso ou justa causa — mandam a gente para a rua.

A dor dessa surpresa me força a lembrar lições aprendidas, e depois esquecidas, talvez por serem doídas demais para guardar: 1) que ser querido e apreciado no trabalho *nunca* é proteção suficiente contra os objetivos frios de uma empresa, 2) que basta um superior poderoso não ir com a sua cara para você correr o risco de ser demitido, 3) que a dedicação e lealdade à empresa *nunca* são correspondidas. Portanto, *nunca* dê 100% de si a um empregador. Se der, ele vai passar a esperar 110%.

Recentemente, um amigo se permitiu esquecer essas lições porque estava na empresa há 15 anos, ainda trabalhava com eficiência e estava perto de se aposentar quando foi cortado. A guilhotina foi acionada apenas porque, neste mercado de trabalho cada vez mais globalizado, terceirizado e dedicado ao corte de custos, era mais barato contratar alguém mais jovem — o que não o fez se sentir menos decapitado.

Eu pude sentir onde lhe apertava o sapato não só porque perdi empregos para pessoas mais jovens, mas também porque fui um jovem a quem ofereceram o emprego alheio. Logo depois de me mudar para o Brasil, uma agência de notícias queria que eu passasse por um período de experiência para provar que superaria um jornalista idoso, um senhor que eu conhecia e que estivera com a empresa por muitos anos. Eu perguntei a mim mesmo: "Se eu lhe tirar o emprego, e ele morrer em breve, como vou me sentir?" E disse a eles: "Não posso tirar o emprego de um senhor."

Tropeço nos trópicos  225

Ele manteve o emprego, e morreu menos de um ano depois, enquanto escrevia uma matéria jornalística. Quando eu liguei para a agência para contar, queriam provas de sua morte antes de me oferecer seu emprego. Enviei por fax o obituário publicado no jornal, que tomou o lugar do meu currículo. Então, dez anos depois, a agência ofereceu meu emprego a alguém mais jovem que, segundo meu chefe, "tinha mais potencial".

Apesar de carregar as feridas deixadas pela realidade dura do mercado de trabalho, elas não me incapacitaram nem me tornaram um pessimista. Apesar de a demissão ser uma perda, também pode ser um ganho. Pode levar a empregos melhores, profissões mais interessantes e a outras mudanças até mais dramáticas de direção.

Uma amiga brasileira de 58 anos, que sempre foi professora, perdeu seu último emprego há vários anos e caiu em depressão. Por causa da idade e de todas as porradas profissionais acumuladas, ela sabia que não teria a força psicológica e o masoquismo necessário para mais uma vez encarar a crueldade do mercado de trabalho.

Mas, pelo fato de o marido ter o suficiente para manter os dois financeiramente, ela começou a fazer trabalho voluntário, alfabetizando crianças de um orfanato. Seu maior temor profissional — que não teria mais nada a aprender ou a dar, e, portanto, nada mais a receber — desapareceu, assim como a sua depressão.

24 de junho de 2004

# O adeus virtual

A internet revolucionou os relacionamentos a tal ponto que permite iniciá-los e encerrá-los *on-line*. Isso faz todo o sentido se o relacionamento for virtual ou se os internautas tiverem idades entre 11 e 13 anos. Mas o que acontece quando, entre o alô e o adeus virtuais, duas pessoas tiverem compartilhado o mais íntimo dos atos? Será que o ato final não mereceria certo grau de intimidade?

Sim, mas agora o *e-mail* e a mensagem de texto tornam muito mais fácil uma separação, pelo menos para aqueles que a desejam. Com isso podem evitar a inconveniência de testemunhar a dor causada. O adeus *on-line* está se tornando muito comum, de acordo com amigos meus que já receberam esse torpedo. Se Paul Simon compusesse "50 Ways to Leave Your Lover" hoje, esse tipo de desfecho estaria no topo da lista, dizem.

O adeus *on-line*, no entanto, choca e silencia quem o recebe porque a pessoa não pode nem mesmo perguntar por quê. Nem pode ver um rosto ou ouvir uma voz capaz de denotar o sentimento que existe por trás do olhar ou sob as palavras. Às vezes esse sentimento — seja uma lágrima, seja a incapacidade de formular uma frase — pode reduzir a humilhação que o outro sempre sentirá. Até mesmo enfrentar a escassez de sentimentos, uma demonstração de que você pouco significava para o outro, pode ajudar a virar a página.

Confrontar essa indiferença pessoalmente também é humilhante. Mas o sentimento é multiplicado quando vem por *e-mail* ou mensagem de texto. A entrega é tão brutal e impessoal que a mensagem enviada é a de que você nada significa para a outra pessoa, a ponto de nem mesmo merecer um telefonema.

Ainda que o telefone seja uma maneira mais pessoal de dizer adeus, ainda assim continua a ser mais humilhante que um encontro cara a cara. Ao me dispensar por telefone, uma namorada deixou claro que ela pouco se importava comigo. Caso se importasse mais, pelo menos teria se despedido pessoalmente. É isso que faz a pessoa que tem sentimento para tentar diminuir a dor do outro.

Caso alguém desejasse tornar mais cruel a separação, a internet propiciaria as ferramentas. Quem inicia a separação poderia enviar uma mensagem de texto muito curta, informar a todos em sua página no Twitter e convidar os interessados a se atualizarem em seu blog. Em seguida, apagaria a foto da(o) ex-namorada(o) na lista de amigos de seu perfil do Facebook e incluiria a foto da(o) substituta(o).

Mas a internet é democrática e permite que todo mundo use essa ferramenta. No filme *Amor sem escalas*, uma mulher desenvolve um sistema de videoconferência que permite que sua empresa demita, *on-line*, os funcionários de outras companhias que são covardes demais para fazer esse trabalho sozinhos. Depois, ela mesma fica arrasada quando seu namorado a dispensa por meio de uma mensagem de texto.

A mensagem da cena: como inventora dessa tecnologia, ela merece sentir como é cruel terminar com alguém via internet. Será que todos que já descartaram alguém *on-line* não mereceriam um adeus semelhante?

4 de fevereiro de 2010

Comentário: idump4U (Eu termino por você) é um novo serviço nos Estados Unidos que, por um preço acessível, liga para alguém avisando-o que você está encerrando o relacionamento, te poupando dessa tarefa desagradável.

# Adultério como antídoto?

Uma crônica recente do *Globo* mais parecia uma carta impessoal de um marido para a mulher que acabara de trair. "Traição é uma palavra dura demais para um ato inofensivo, romântico e alegre, que combina cada vez menos com a realidade sexual vigente", dizia a crônica. Argumentava que "romances paralelos" não deveriam gerar culpa ou vergonha porque "sexo (...) não é feito contra uma terceira pessoa. Sexo é sempre a favor, é sempre pró, é sempre egoísta". O que faz este argumento ainda mais incomum é o sexo de sua autora, Martha Medeiros.

Sua gêmea americana é Laura Kipnis, cujo novo livro, *Contra o amor*, argumenta que, quando a paixão matrimonial inevitavelmente morre, o adultério é o antídoto. Kipnis critica livros de autoajuda e terapias que pedem a você para fazer o esforço de reviver o efêmero fenômeno do desejo sexual que condena o casamento à morte. A atração do adultério, ela argumenta, é que não requer esforço. "Por que dar duro quando você pode brincar?", ela escreveu.

Kipnis evita a questão moral da traição da confiança de alguém que se ama sem sentir culpa ou vergonha? O primeiro (e último) caso que tive, 30 anos atrás, me fez sentir tão mal que eu não conseguia nem satisfazer a outra. Não foi exatamente a farra que Kipnis e Medeiros prometeram. E isso foi antes de a Aids tornar qualquer farra sexual perigosa.

Meu caso me fez ver como minha relação estava periclitante. A infidelidade pode criar uma dinâmica nova entre qualquer casal. Pode, por comparação, fazer com que você veja sua sorte ou infelicidade, tornar um casamento ruim suportável ou levar a uma comunhão dos corações nova e mais feliz. Mas desejar ter um caso — especialmente quando a tentação é constante — não deveria bastar para dar início a uma conversa sobre problemas conjugais e suas soluções, sendo uma a separação?

Idealmente, sim. Mas a possibilidade de perder o amor de alguém é um trauma emocional tão grande que as pessoas usam placebos sexuais — de casos a paixões cibernéticas — para evitar essas conversas. Essas infidelidades podem ser perdoadas, mas nunca são esquecidas e, em geral, deixam feridas que nunca se fecham. Não seria este (como Bill Clinton descobriu) um preço alto demais para algo que, em geral, não significa nada?

Evidentemente, cada caso é um caso. Mas, quando os casos superficiais se transformam em casos sérios e longos, não estariam destinados a ver o desejo sexual morrer à míngua — o que, segundo Kipnis, condena o casamento à morte? Apesar de ambas as autoras serem contra o casamento (Medeiros já o comparou a uma "doença"), como praticar o adultério sem ele?

Kipnis fala dessas contradições, ignoradas por Medeiros. Apesar de seus argumentos não serem dirigidos especificamente às mulheres, elas atraem um público feminino que não tem direitos sexuais iguais e está sempre pronto a crer que liberação significa adotar atitudes machistas.

Como suas versões pseudofeministas do machismo podem ser, como sugerem ambas as autoras, um avanço? Pode ser que a traição esteja seduzindo mais mulheres, mas, no fundo, é uma tradição retrógrada. Ou, como Vladimir Nabokov escreveu: "Adultério é uma maneira muito convencional de superar o que é convencional."

A maioria das mulheres (e dos homens) quer um companheiro leal que satisfaça suas necessidades, explore seu universo, e faça sacrifícios que nenhum dos dois imaginaram. Pode ser uma visão nada romântica, mas o mesmo pode ser dito da seca equação-base de todo relacionamento, clandestino ou não: o que você tira ou recebe da relação é igual ao que investe ou dá a ela.

28 de outubro de 2004

# Ceder ou não ceder

Não tenho tempo para indecisão quando um desconhecido me pede um favor. Por quê? Ele espera uma resposta imediata. E não sei se, em uma situação semelhante, ele faria o mesmo por mim. Então, em alguns segundos, preciso responder três perguntas para tomar a decisão. A pessoa precisa muito deste favor? Concedê-lo vai ser uma inconveniência muito grande para mim? E a pessoa que pede está sendo gentil?

Num voo doméstico, troquei de lugar com uma mulher que queria sentar com o marido. Mas, num voo para a Alemanha, me recusei a trocar minha poltrona no corredor, ao lado de outro marido, pela da mulher, no meio das poltronas centrais. Por que não cedi? Passar 12 horas como recheio de sanduíche, com duas pessoas de cada lado, faria minha claustrofobia virar ataque de pânico. É fonte de tanta ansiedade que sento ao lado do corredor em cinemas e evito ser espremido em blocos de Carnaval, elevadores, ônibus e metrôs lotados.

Tenho mais tempo para decidir se devo ceder a desconhecidos cujos hábitos me irritam. Por quê? Não esperam minha aprovação. Em vez de ceder aos que fumam perto de mim em ônibus ou na área de não fumantes em restaurantes, digo que é proibido. Uma vez, disse isso a um velhinho com um charuto aceso no elevador. Sua resposta: "Ninguém me diz o que posso fazer neste prédio. Sou dono dele."

Cedo a quase todos os que furam filas porque minha ficha não é limpíssima. Se, depois de comprar ingresso para o cinema, encontrar um conhecido na longa fila, puxo conversa para fugir do fim dela. E uso o caixa expresso no supermercado quando meu carrinho tem 12 itens, e não os 10 ou menos exigidos. Mas não cedo a malandros(as) cujo modo de furar fila acabam resultando em uma longa espera.

É o caso da dondoca sessentona, que entrou no consultório onde eu esperava, reclamando de fortes dores no peito e exigindo ver o médico imediatamente. A recepcionista perguntou se não nos importaríamos de ceder a vez. Exceto por mim, todos disseram "tudo bem", que teria sido normalmente a minha resposta. Mas achei que a dondoca poderia estar fingindo ou exagerando o desconforto. Afinal, encontrou tempo, em meio à dor que a fez correr para o consultório, para pôr um monte de maquiagem. Além disso, ela era um rolo compressor, achatando qualquer um que se impusesse entre ela e seu objetivo.

Apesar de tentar tratar os outros como gostaria de ser tratado, trato rolos compressores como acho que me tratariam. E, já que não conseguia imaginar a tal dondoca cedendo sua vez para mim — a não ser que eu caísse inconsciente no chão —, disse a ela: "Se sua dor no peito é tão grande assim, talvez seja melhor ir para o hospital a um quarteirão daqui."

Então, ela olhou para mim, o primeiro da fila, e disse: "Pedi sua vez, não sua opinião." Minha réplica: "O paciente atrás de mim cedeu o lugar, pode entrar logo depois de mim." Em vez de encarar a humilhação, ela saiu da sala num rompante, mas não para o hospital. Depois da minha consulta, ela estava sentada pacientemente, e parece que a dor no peito sumira. Ou talvez tenha cedido.

8 de novembro de 2007

# Insultos sutis

Me faltam a cabeça fria e a língua rápida para chicotear um insulto com uma réplica certeira. Quando penso numa, o momento de usá-la já passou. Os franceses chamam essa resposta tardia de *esprit d'escalier*, ou "o espírito que só nos socorre quando já estamos descendo a escada". Mas, às vezes, não sinto a ferroada de insultos mais sutis até já ter descido a escada e saído porta afora.

Vejam os comentários condescendentes. Quando eu, um jornalista, pergunto a especialistas algo que questione suas opiniões, alguns dizem, "a questão é um pouco mais complexa" ou "se conhecesse melhor o assunto, veria...". As réplicas insinuam que esses especialistas são intelectualmente superiores a mim, um generalista, e precisam me educar. Mas na primeira vez que ouvi esse insulto camuflado, levei um tempinho para sacar sua implicação e sentir seu impacto.

Alguns elogios ofendem ao revelar sem querer um preconceito. Em 2007, o candidato à presidência dos Estados Unidos

Joe Biden tentou adular o rival Barack Obama, dizendo: "Ele é o primeiro candidato negro articulado, inteligente e limpo." Mas o cumprimento dá a falsa impressão de que candidatos negros, em geral, não possuem essas qualidades.

Alguns elogios ofendem ao revelar sem querer uma impressão pouco favorável de você, e não de seu grupo marginalizado. Um amigo, por exemplo, me disse: "Uau! Eu li sua última crônica e, puxa!, foi escrita com muita inteligência mesmo." Sua tremenda surpresa com meu intelecto me fez ver que, até então, ele não o considerava parte dos meus dons mais óbvios.

Alguns insultos estão envoltos em elogios ditos com a intenção de ofender. Veja o caso do editor que me disse: "Sua matéria é maravilhosa! Então, por que o resto do seu trabalho é tão medíocre?" Ou o da jovem carioca que me disse: "Você é bem atraente... para um cinquentão calvo." Nos dois casos, o falso elogio foi o míssil que carregava a bomba.

Alguns insultos assumem a forma de perguntas retóricas, ditas não para obter resposta, mas sim para atingir um alvo. Em uma recente ceia de Natal, eu baixei minha guarda e disse me sentir muito bem por estar entre amigos. Isso fez com que um convidado — o único a quem faltou fraternidade — mirasse e disparasse: "Tem certeza de que todos aqui são seus amigos?" Este tiro certeiro é parecido com outro que magoa depois de você contar uma história que achou divertida. É assim: "Desculpe, mas você está tentando ser engraçado?"

Alguns insultos começam com outras desculpas nada sinceras, o sopro antes da mordida. O britânico Simon Cowell, juiz de um concurso de canto da TV, *American Idol*, antes de denegrir o talento do participante, manda um "não quero ser rude, mas..." Um preâmbulo menos fatal — "Posso ser franco?" — ao menos permite que você diga "prefiro que não!". E o insulto direto que ele anunciava fica mais ameno do que as ferroadas mal camufladas de perguntas retóricas, elogios falsos ou condescendências sutis. Como disse o incisivo Oscar Wilde: "Um amigo de verdade o apunhala pela frente."

6 de março de 2008

# Me desculpa, pô!

Desculpas, não importa o quão sinceras ou repetidas, não satisfazem todo mundo. Dizer "me desculpe" nem sempre salva uma amizade estraçalhada por acusações falsas e devastadoras. Um "me perdoa" do marido para a grávida que ele traiu pode nunca restaurar a confiança dela ou diminuir sua dor, mesmo que oferecido de joelhos. Desculpas não vêm com garantia. Então, o que fazer quando não funcionam?

Ficar frustrado pode piorar os danos já causados. Quando minha mulher parou de aceitar minhas desculpas por sempre gritar durante as discussões, gritei ainda mais alto e pontuei meu "me desculpa" com um "pô!". E ela me deixou falando sozinho. Se quisesse discutir algo com ela, como me disse, eu teria de aprender a fazer isso de forma mais civilizada. E aprendi.

As pessoas param de aceitar desculpas pelos mesmos erros porque o constante "me perdoa" acaba deixando de soar sincero. Além disso, veem que continuar a aceitar as mesmas desculpas é um tipo de prêmio que condiciona e encoraja o infrator a não mudar seu comportamento. Pedir desculpas é mais fácil. A não ser que se sinta ofendido ou orgulhoso demais para se desculpar, ou ambos. Quando a afronta é mútua, todos os envolvidos podem sentir que merecem o pedido de desculpas. Mas uma pessoa não pede até a outra pedir. Uma vez, fui convidado para jantar por uma pessoa que, ofendida por uma opinião política que imprudentemente expressei, se levantou e gritou insultos na frente dos outros convidados, me forçando a ir embora. Nós dois esperamos em vão que o outro se desculpasse primeiro, e nunca mais nos vimos.

Alguns pedidos de desculpas, como os que vêm por *e-mail*, são impessoais demais. E há quem finja que não houve ofensa. É o caso do meu amigo que só esperou cinco minutos depois da hora do nosso encontro marcado em um bar antes de ir embora. Cheguei em cinco minutos, e esperei uma hora por ele. Depois de saber de sua saída precipitada, disse: "Você me deve desculpas!" Ao que ele replicou: "Eu sinto muito que o nosso desencontro o tenha chateado assim." Quer dizer: "Sinto muito por sua reação, e não pelo que eu fiz para provocá-la."

Em geral, um "me desculpa" que não mostra arrependimento não vale nada. Mas, em algumas circunstâncias, desculpas podem consolar mesmo que não sejam sinceras. Eu me ofendo facilmente, e digo à minha mulher — nas raras vezes em que me magoa — que se desculpe, mesmo quando acha desnecessário, mesmo que não venha do coração. Ela aceita meu conselho porque funciona.

Nem toda retratação política é insincera. O candidato à presidência dos Estados Unidos John Edwards ofereceu um convincente "eu errei" por votar a favor da ação militar no Iraque. A recusa da candidata Hillary Clinton de se desculpar lembra a inabilidade patológica de Bush de admitir seus erros, incluindo invadir o Iraque. Por que os políticos acham que essa rigidez parece presidencial?

A recusa em se desculpar mostra fraqueza de caráter. Admitir o erro ou ofensa nos humaniza e traz paz interior. Um pedido de desculpas nem sempre consola quem o recebe. Mas permite a quem o pede ouvir a própria humildade. E este som, por vezes, é nossa única salvação.

10 de janeiro de 2008

# Atenção

O que mais queremos dos outros é atenção. Por ela, bebês choram e crianças aprontam. Os adultos subestimam sua necessidade de atenção. Quando pedi a brasileiros que descrevessem, em uma palavra, o que mais querem dos outros, quase todas as respostas começavam com "c": carinho, cuidado, compaixão, confiança, cumplicidade, compreensão e consideração. Respeito também foi uma escolha popular. Mas todos esses desejos têm um denominador comum: a atenção.

Nós a buscamos porque só através da visão dos outros, especialmente da dos mais próximos, podemos nos conhecer a nós mesmos. Como diz "Diferentemente", de Caetano Veloso: "É você quem me olhando detona a explosão de seu saber quem eu sou". Esses espelhos humanos nos tornam visíveis a nós mesmos, revelam nossas virtudes e vícios, permitem que aprimoremos quem somos. O adesivo "Deus, me ajude a ser a pessoa que meu cachorro pensa que eu sou" reflete esse desejo e a importância do olhar alheio.

Muita gente procura plateia porque ser o centro das atenções melhora nossa autoimagem, o que é gratificante. Palestrantes aqui dizem ao público "obrigado pela atenção" para expressar essa gratidão. Ter a total atenção de alguém também é lisonjeiro. Quando não estava murmurando ao microfone, Sinatra seduzia as mulheres não com palavras, mas com o ouvido atento e o olhar penetrante — uma de suas conquistas chamava aquele olhar de "raio de olhos azuis" — sorvendo cada palavra delas. Sinatra comparou uma mulher a uma plateia, dizendo: "Se você se mostra indiferente, é o fim da linha."

No corre-corre diário, também queremos o tempo das pessoas. Mas não tanto quanto sua atenção. O tempo é parte do pacote, mas não garante a atenção. Pergunte a uma mulher que sai com um homem que só fala da ex e ela lhe dirá que ele precisa aprender com Sinatra. Mesmo na cultura do "tempo é dinheiro" dos Estados Unidos, a atenção é muito valorizada. Por isso os americanos diferenciam o tempo normal do de qualidade, períodos curtos em que dão àqueles que mais amam sua total atenção.

Eu e minha mulher tiramos férias no interior do Brasil, onde as pessoas nos dão mais atenção e têm mais tempo para nos receber do que os urbanos. Por que isso acontece? Não sobrevivem galgando escadas corporativas, mas criando comunidades interdependentes. Prisioneiros se unem a facções não só para sobreviver mas para reduzir o isolamento social. Estudos mostram que a pessoa na solitária prefere o pior companheiro de cela à solidão, que qualquer atenção é melhor do que nenhuma.

O que mais molda nossa identidade é o convívio social. Por isso precisamos de atenção desde o nascimento. Quando crescemos, uma forma de atenção, o reconhecimento, torna-se crucial. Quanto mais cientes ficamos de nossa finitude, mais precisamos de testemunhas que digam: "Ele é assim e isto é o que tem a oferecer." Vão manter nosso nome vivo até a última delas partir. E, apesar de não estarmos mais aqui para saborear essa atenção, é um conforto saber que a teremos bem depois do último suspiro.

26 de novembro de 2009

# Cinderela criteriosa procura

Anos atrás, uma colunista do *New York Times* disse que as mulheres queriam "vaqueiros viris que não distingam entre Flaubert e *flambé*, entre 'Rei Lear' e 'Rei Leão'". "Antes desse tapa na cara do feminismo, li que algumas queriam homens para compartilhar a cozinha, as compras e as trocas de fraldas, enquanto outras buscavam tipos tradicionais e segurança financeira. Mas, para mim, o que as mulheres querem nunca mudou e se resume em duas palavras: uma narrativa.

Essa história, porém, tem de diferenciar esse homem dos outros. De que outro modo uma mulher pode determinar suas chances de construir (ou conduzir) um relacionamento com ele, o objetivo dela? No início, contei às cariocas por que troquei os Estados Unidos pelo Rio, como meus tropeços em português levavam a mal-entendidos, e até como eu descobri que era daltônico.

As mulheres, intrigadas com essas histórias, também precisavam saber que eu era receptivo a seus sonhos e ideias, que elas esperavam encaixar nos meus. Essa sintonia do tipo "a gente se completa" é a raiz da ficção romântica, de *Cinderela* a *Orgulho e preconceito*, e molda as expectativas amorosas femininas. No conto de fadas, a sintonia é simbólica: um sapato de cristal cabe perfeitamente no pé da heroína; no romance, é psicológica: os protagonistas se apaixonam, um ajuda o outro a ver seu próprio orgulho e preconceito.

O que também seduz uma mulher é ela sentir-se fruto de uma grande história de amor. Nos Estados Unidos, existe a tradição de se casar usando o vestido de noiva da mãe como lembrança dessa narrativa. O que não seduz uma mulher são homens recitando o currículo, traduzindo cardápios em francês ou descrevendo as características de sua BMW, porque essas são listas, não histórias. As mulheres são criteriosas. A plumagem colorida de um macho pode levar a um caso, mas raramente a um casamento.

As narrativas são afrodisíacas para ambos os sexos. É a premissa do filme de 2004 *Antes do pôr do sol*, uma versão moderna de *Cinderela*, em que herói e heroína se contam histórias e se tornam protagonistas da história um do outro.

Nove anos depois de um breve e mágico encontro entre o americano Jesse e a francesa Celine, ela se apaixona pelo livro que ele escreveu sobre o momento (e sobre ela) e vai à livraria em Paris onde ele o está autografando. Ao caminhar pela "cidade do amor", eles se rendem a uma orgia verbal — uma troca intensa de experiências e ideias, expressa em anedotas — que revive a magia. Então, Celine canta para Jesse uma música que narra quanto aquele encontro mexeu com ela.

Nesse *pas de deux* de palavras, não há beijos nem toques — só duas pessoas seduzindo uma à outra com histórias que lentamente começam a se entrelaçar, como dois filamentos de DNA, girando em volta um do outro para construir uma nova história. A premissa é tão cativante que não condena Jesse, infeliz no casamento, pelo adultério que está prestes a cometer. Por quê? Traição é um episódio menor no que promete ser uma longa e rica narrativa.

9 de novembro de 2010

# Sexo é superestimado?

As confissões ficam mais fáceis com a idade. Os idosos podem admitir que o sexo não é — e em alguns casos nunca foi — seu ponto forte porque estão velhos demais para ligar para o que os outros pensam. O ensaísta americano Gore Vidal, 80 anos, começou um livro de memórias recente com a frase: "A única coisa que realmente gostava de fazer era ir ao cinema. Naturalmente, Sexo e Arte vinham antes do cinema, mas nunca foram tão confiáveis." Lima Duarte, 76, terminou recentemente uma entrevista com Marília Gabriela dizendo: "Não sou bom de cama. Não sou atento, e não gosto de ser servidor da mulher. Não sei mexer com as coisas na hora que tem de mexer."

Mas quem, ainda longe de mergulhar na terceira idade, tem coragem de afirmar que sexo não é muito a sua praia? Quando perguntei a brasileiros de diferentes idades — de amigos e colegas a feiristas e taxistas — o que na vida dá mais prazer, o sexo ficou, para a maioria, no topo da lista ou perto. Essa tendência me surpreendeu porque o sexo é mais importante em certos momentos da vida do que em outros. Será que todos na minha pesquisa — jovens, mais velhos, solteiros, recém-casados, casados de longa data — estavam no mesmo momento sexual? Ou a maioria tem medo de admitir (a si mesma ou aos outros) prazeres maiores — de música a gastronomia — porque o apetite sexual é um traço muito atraente?

A mídia destaca a sexualidade dos entrevistados porque supõe que é a imagem que eles querem cultivar e porque sexo vende. Uma matéria recente do *Globo* sobre Ivan Pimentel, medalhista nos Jogos Pan-Americanos de 1987, veio com a manchete: "Meu negócio é mulher e barco." A *Revista do Globo*, um suplemento dominical, destaca a sexualidade nos perfis que faz com perguntas do tipo: "O melhor lugar para fazer amor?" Ou: "O barulho que você faz na hora do amor?" O penúltimo perfil veio com a manchete: "Maurício Branco faz amor ao som de 'Oh, Yeah!'"

Eu me confundo com a questão que eu mesmo levantei. Por isso, eu nem sei onde fica o sexo na minha lista de prazeres. Talvez porque o sexo, ao contrário da maioria dos prazeres, é um *pas de deux* que depende do quanto os envolvidos estão gostando da dança. Como comparar o prazer de satisfazer seu parceiro — ou de reafirmar uma ligação erótica/emocional — com a solitária e puramente sensorial delícia de um vinho memorável ou de um mergulho no fundo do mar?

Meus namoros mais marcantes se destacaram não por serem os mais gostosos, mas sim os mais inusitados. De sexo a tênis, os prazeres envolveriam movimentos ou momentos repetidos e previsíveis que ficam inesquecíveis por causa de algo completamente inesperado. Um exemplo é a final da Copa de 2006. O que lembramos não é de como França e Itália jogaram, mas da imagem de Zinedine Zidane dando a cabeçada no italiano que disse preferir pegar a irmã dele do que sua camisa no fim do jogo. Sexo é fonte de poder, status e autoestima. Mas, como fonte de prazer, é superestimado. Afinal, o que as pessoas pensariam se soubessem que você prefere ver uma novelinha a namorar?

8 de março de 2007

# As "outras" vítimas do acidente da TAM

Quem quer que tenha testemunhado o acidente com o Airbus da TAM* decerto sentiu uma sensação de impotência. Nada podia ser feito, e nem mesmo a vontade coletiva de todos os presentes, seus braços instintivamente estendidos, poderia ter mantido o avião no ar. Quem quer que tenha visto os familiares das vítimas, em pessoa ou pela televisão, deve ter sentido algo semelhante: nada podíamos fazer para consolá-los. Tudo que podíamos oferecer era solidariedade e compaixão, sentimentos que pouco ajudam àqueles que se veem envolvidos em uma tragédia.

Em inglês, um ditado popular diz que "tristeza ama companhia". Isso significa que é possível se sentir menos pior ao

---

*O pior desastre na história da aviação brasileira, que matou 199 pessoas num pouso malsucedido próximo ao aeroporto de Congonhas em São Paulo dia 17 de julho de 2007.

compartilhar uma desgraça com alguém que tenha sofrido destino semelhante. Mas tragédia não procura companhia. Ou seja, quando a morte leva alguém muito próximo, especialmente sem aviso prévio, é difícil compartilhar essa perda incalculável com outras pessoas, exceto, talvez, outros membros da família, vítimas da mesma dor.

Foi por isso que, quando os familiares que esperavam sozinhos nos aeroportos de Porto Alegre e São Paulo foram avisados de que não havia sobreviventes, alguns passaram por surtos tão fortes que tudo que se podia fazer era abraçá-los para conter seu tremor convulsivo, e para impedir que caíssem. Foi por isso que, nos aviões que traziam os familiares das vítimas de Porto Alegre a São Paulo, para identificar os corpos, o clima a bordo era de desespero solitário. Ou, como reportou um jornal, "ninguém (no voo) falava nada, só dava para ouvir as pessoas chorando".

Tragédia, no sentido grego da palavra, quer dizer uma "reversão de fortuna" causada por um erro que alguém comete. Mas nem as vítimas do acidente nem seus familiares cometeram erros por descuido, e ainda assim são figuras trágicas. De que outra maneira se pode definir a criança que só pôde saborear dois anos de vida, ou a mulher que perdeu a mãe e duas filhas adolescentes no voo fatal? A única maneira de evitar a tragédia, para ela, teria sido não despertar na manhã da terça-feira.

Isso equivale a dizer, de outra maneira, que estamos vulneráveis a uma reversão em nossa fortuna a cada vez que respiramos. E não há muito que se possa fazer para reduzir os riscos. Algumas pessoas talvez deixem de viajar de avião, como resultado do desastre da TAM, ainda que o risco de acidentes rodoviários seja ainda maior, especialmente no Brasil.

Meu irmão, por exemplo, nunca viaja, de carro ou de avião, porque considera que os perigos superam em muito os prêmios. Quando, anos atrás, ofereci a ele uma viagem de ida e volta ao Rio, meu irmão me acusou de estar tentando apressar seu fim.

Mas nós saímos em viagem a cada vez que atravessamos a porta da frente, no minuto em que nos aventuramos para fora dos casulos que são nossas casas. Assim, quanto mais estivermos em contato com o mundo em torno de nós, maior a chance de que caiamos vítimas de tragédias. Mas nosso contato com o mundo é também nossa fonte de felicidade. A pessoa com quem você um dia se casará pode estar caminhando pela calçada, logo ali na esquina. Assim, que escolha nos resta? A vida não é justa. Mas, se queremos vivê-la plenamente, temos de enfrentar suas vicissitudes e tentar não só sobreviver como aproveitar.

23 de julho de 2007

# Variedades de vingança

Se o sabor da vingança é doce, por que o simples ato de contemplá-la me deixa um gosto amargo na boca? Talvez porque isso me torne parecido com aquele que me agride. Além disso, a tarefa requer cabeça fria e um plano meticuloso — tempo e energia que eu poderia dedicar fazendo algo mais construtivo. Vingança também faz mal à saúde. Estudos demonstram que o ódio que desperta não só causa pressão alta e taquicardia como debilita o sistema imunológico e provoca insônia.

Além disso, porque a vingança jamais é proporcional, ela pode alimentar uma reação em cadeia. Ao longo de cinquenta anos de represálias mútuas entre israelenses e palestinos, milhares de pessoas morreram (a maioria delas palestinas) porque cada povo utiliza uma equação diferente para calcular retaliação proporcional, o castigo adequado ao crime. Essa matemática simplista, olho por olho, cega os dois lados quanto a uma solução que resulte em paz.

A vingança arquitetada dessa maneira é muito nociva. Por isso, acredito tanto nos tribunais da Justiça como em alternativas construtivas, que não fazem mal à saúde nem transformam em guerra simples desentendimentos. Chamo uma delas de "represália criativa".

Foi assim que o músico canadense Dave Carroll fez um ajuste de contas com a United Airlines. A bordo do avião, ele viu os carregadores de bagagem jogarem sem cuidado o seu violão de US$ 3.500. Quando a United se recusou a indenizá-lo pelos danos, Carroll escreveu uma canção, "United Quebra Violões", em que relata o incidente. Ela tornou-se um videoclipe, que lançado no YouTube, em julho, teve 5,5 milhões de acessos. O sucesso do clipe se transformou em um pesadelo para a United e resultou em queda de 10% na cotação de suas ações.

O motivo principal para que eu não cultive a vingança: acredito no carma, uma lei universal de causa e efeito, segundo a qual, mais cedo ou mais tarde, as ações de uma pessoa causam reações que a punirão ou a recompensarão. Como diz o ditado: "Você colhe aquilo que planta." Mas eu coopero com o carma.

Anos atrás, um colega com quem eu dividia o apartamento não me pagou a parte que devia em seus três últimos meses de aluguel porque um cineasta não pagou a ele por seu trabalho de edição em um documentário sobre atores do cinema pornô. Meses depois, o cineasta, em busca de um cinema no qual exibir seu filme, procurou o que eu gerenciava, porque era o único em Nova York que exibia filmes independentes e de pequeno orçamento em vez dos comerciais.

Recusei-me a exibir o documentário porque o cineasta era culpado pela dívida não paga de meu ex-colega. "Agora, eu e o carma lhe damos o troco", disse a ele, deixando-o boquiaberto. Poderia ter exibido seu filme e deixado que o carma cuidasse sozinho desse ajuste de contas. Mas raramente a vida nos oferece um presente como esse e, por isso, é difícil recusá-lo. Não considero vingativa essa atitude. Defino-a como uma oportunidade não desperdiçada.

1º de outubro de 2009

# Como você está se sentindo?

Por trás da pergunta "como você está se sentindo?", escondem-se muitas motivações: preocupação com um amigo na fossa ou o cuidado do médico com um paciente em recuperação, por exemplo. Mas a intenção pode ser evocar sentimentos bem mais fortes (autoconfiança, dor, culpa) e reações físicas correspondentes (um sorriso, uma lágrima, um palavrão). É uma pergunta com grande poder de manipulação e mil e uma utilidades.

As pessoas podem fazê-la retoricamente, como uma acusação. Uma vez, trabalhando como barman, servi a um freguês doses excessivas de uísque, cada uma acompanhada de uma gorjeta maior. Ele acabou matando a mulher ao seu lado com três tiros por ter zombado de suas cantadas. Depois que o segurança o imobilizou, outro freguês que tinha visto o suborno lançou a pergunta sinistra: "E agora, como se sente?"

Repórteres de TV usam essa pergunta para arrancar lágrimas de seus entrevistados porque elas aumentam a audiência.

Trabalhei como tradutor para uma equipe de TV canadense que fazia uma matéria sobre tráfico de bebês no Brasil. O entrevistador me pediu que fizesse a pergunta a uma mulher cujo filho recém-nascido acabara de ser roubado de uma clínica e vendido a um casal estrangeiro. Mas eu a adverti de que o repórter só queria que ela chorasse diante das câmeras: "Não precisa dividir sua dor com milhões de telespectadores." Sua resposta veio sem uma lágrima. O repórter, frustrado, insistiu que eu repetisse a pergunta três vezes antes de desistir de uma resposta visual, mais sensacionalista.

Aprendi a evitar a pergunta quando cobri minha primeira corrida de Fórmula 1 no Brasil. O campeão Alain Prost sofrera uma derrota e, logo depois, no boxe, indaguei-lhe como se sentia. Fui xingado e expulso de lá. Depois meu editor me chamou a atenção: "Como acha que ele se sente?"

Uma vez, um amigo revelou a várias pessoas um segredo que lhe contei. Quando eu o chamei de FDP, ele, terapeuta, disse: "Não diga o que pensa de mim; diga como se sente." "*Sinto* que você é um FDP", respondi, sarcástico.

Anos atrás, uma carioca usou a questão para me seduzir. Depois de longa paquera verbal, rolou um clima entre nós. Como eu estava inseguro demais para dar o passo seguinte, ela tomou a iniciativa. "Estou me sentindo ótima por estar aqui com você. Como você está se sentindo?" Percebi, então, que também estava ótimo. Foi esse empurrão que me fez continuar nosso *pas de deux*. Com um sorriso de autoconfiança, propus: "Sinto que a gente deve ir para outro lugar." E nós fomos.

20 de julho de 2010

# O enigma que somos

Se a expressão "a primeira impressão é a que fica" fosse verdade, eu seria um pária social. Isso porque minhas opiniões polêmicas às vezes ofendem desconhecidos. Também deixo uma segunda impressão ruim porque esqueço nomes e rostos de pessoas que acabo de conhecer. Por isso, chamo muitas de "querida". Mas, já que essas impressões são reversíveis, alguns dos que sobreviveram aos encontros iniciais viraram amigos.

Por não confiar em primeiras impressões, também dou às pessoas uma segunda chance. Uma exceção: um cara da Fundação Ford que dizia conseguir sacar as pessoas em segundos. Ele teria desenvolvido a habilidade entrevistando candidatos a doações. Afirmou que podia separar, após algumas perguntas, os que tinham projetos sérios dos que só estavam atrás da verba da fundação. Ele disse que essa intuição tornava suas primeiras impressões exatas. Para ele, ninguém era um enigma.

Minha primeira impressão dele é de que era cheio de si. As pessoas desenvolvem "conhecimento tácito", uma intuição baseada na experiência pessoal e específica a uma circunstância. O cara da Fundação Ford farejava fraude entre os candidatos por ter, ao longo dos anos, reconhecido e interpretado modelos de comportamento durante as entrevistas. Mas essa habilidade permite que veja debaixo da superfície, nosso conteúdo em vez de nossa capa?

Nós todos julgamos "a capa" — tudo sobre a aparência de alguém — e criamos estereótipos que não conseguimos superar. Um exemplo é Susan Boyle, uma cantora amadora nada atraente que apareceu em um show de calouros britânico, em abril. A bela voz de Boyle chocou todo mundo porque não se encaixou no estereótipo que criamos quando ela entrou no palco. Mas, quando ela cantou, e o sorriso debochado de dois juízes virou admiração boquiaberta, vimos a nós mesmos.

As aparências geram uma atração mútua, chamada de "amor à primeira vista". Se essa impressão fosse exata, não nos arrependeríamos de tantas escolhas românticas. Veja o episódio de *Sex and the City* em que rola um clima entre Carrie e um cara na sala de espera do terapeuta. Depois do sexo, eles revelam o que os levara a fazer terapia. "Perco o interesse nas mulheres assim que transamos", diz ele. Ao que ela retruca: "Eu sempre escolho o homem errado."

*Primeiras impressões* era o título original, pré-publicação, de *Orgulho e preconceito*, de Jane Austen, a história de Elizabeth, que julga rápido demais, e do sr. Darcy, cuja reserva aristocrática o faz parecer arrogante, mas que é querido por aqueles que o conhecem bem. Ela se apaixona por ele quando o tempo torna suas virtudes mais transparentes.

É necessário um oceano de tempo e um poço profundo de paciência para tornar as pessoas menos opacas. Mesmo amigos de anos nos surpreendem. Isso porque as pessoas escondem mais do que revelam ou enviam sinais perturbadores que preferimos ignorar. Ou mudam e até se reinventam. Ou nós fazemos isso. A complexidade do nosso comportamento dificulta decifrar o enigma que somos. Mas transforma a tentativa de conhecer alguém numa aventura fascinante.

3 de setembro de 2009

# Basta tirar os sapatos

"Gente interessante" não é um clube exclusivo. Qualquer um pode entrar porque todos são interessantes para alguém. O grau de interesse depende do que a pessoa revela de si, e não do quanto ela mostra. Não precisa fazer um striptease. Basta tirar os sapatos e esperar os resultados.

Sim, tirar os sapatos traz riscos: chama a atenção para os buracos nas nossas meias. Mas ser vulnerável humaniza e pode convencer o outro a também tirar os sapatos. A maioria precisa de um empurrãozinho para fazer isso.

Nas festas, uso álcool. Nas minhas crônicas, tiro bem mais do que os sapatos, porque o público está distante e normalmente é simpático. Por isso, aos leitores já revelei minha transa com uma prostituta, a vez que botei no jornal um classificado amoroso, minhas dificuldades de lidar com a adolescência dos meus enteados, meu derrame, e alguns dos meus defeitos (mas não os piores). Eu já escrevi até sobre meu pelo corporal. Mas, mesmo assim, eu nunca tiro tudo.

Todas essas confissões têm o propósito de provocar alguma reação: risos, lágrimas raiva ou reflexão. Enfim, comover aqueles que conseguem se identificar comigo e se sentir menos alienados, menos solitários. Às vezes, esta cumplicidade se confirma em um *e-mail* que diz: "Sua crônica expressou algo que sempre senti e queria dizer, mas nunca consegui."

Há pouco tempo, contei a um amigo que, durante uma viagem recente a minha cidade natal, visitei, pela primeira vez, o túmulo da minha mãe, que morreu quando eu tinha 10 anos. E quando vi a lápide me emocionei tanto que a abracei como se fosse seu corpo. Daí ele me contou que há dois anos, no Peru, ele visitou a montanha onde ocorreu o acidente aéreo que matou seus pais quando ele tinha 13 anos. Quando viu uma cruz enorme fincada no lugar do desastre, ele se debruçou no solo diante dela e abriu os braços para dar a seus pais o mesmo abraço simbólico que dei à minha mãe. Foi uma das raras vezes que ele se abriu comigo.

Ele tirou os sapatos porque eu tirei também. E quando duas pessoas começam a se expor, ambas ficam mais interessantes. Uma pessoa pode ser interessante antes de abrir a boca. Pode ser também que ela nunca tire os sapatos e só revele que prefere se esconder. Mas quem não corre o risco de se expor também paga um preço. Afinal, uma pérola só tem valor fora da ostra.

7 de dezembro de 2010

# Quase verdade

A recente minissérie da HBO *John Adams* termina com o segundo presidente americano refletindo em seu leito de morte que, naquele mesmo dia, cinquenta anos antes, 4 de julho de 1776, o Congresso aprovara a Declaração de Independência. Adams se lembra de convencer Thomas Jefferson a escrever e o Congresso a adotar este documento que rompia com o Império Britânico e afirmava o direito de revolução. E ele morre sem saber que Jefferson havia morrido horas antes.

Mas o cético em mim pergunta: "Será que dois pais da Revolução Americana, protagonistas do documento histórico que a instigou, morreram com algumas horas de diferença no seu cinquentenário? A HBO distorceu fatos para finalizar a minissérie com uma nota poética?" "Não", mostrou uma pesquisa no Google. Adams e Jefferson morreram em 4 de julho de 1826.

Meu ceticismo foi alimentado por outras tele e cinebiografias em que personagens e eventos são modificados para temperar a trama ou proteger a privacidade de alguém. O autor da minissérie *Maysa* trocou Nara Leão por uma atriz loura na personagem que disputou com Maysa Matarazzo o amor de Ronaldo Bôscoli. Também culpo por meu ceticismo escritores de memórias como James Frey, que inventou partes cruciais de *Um milhão de pedacinhos*, *best-seller* de 2003 sobre seu vício em drogas, e ensaístas autobiográficos como David Sedaris, da revista *New Yorker*, que admite exagerar muito, especialmente em diálogos.

Frey diz que memorialistas mudam fatos para efeito literário. Sedaris, que os muda para efeito cômico, disse à revista *Time* que "se o que escrevo é 97% verdadeiro, é verdade bastante. Não vou chamar de ficção só porque 3% não são verdade". A regra dos 97% não liberaria outro ensaísta para chamar de não ficção algo que é 90% ou até 75% verdade?

Escritores de não ficção podem distorcer a verdade? Posso dizer que meu sotaque é tão pesado que, jogado de um prédio, mataria um poodle. Por quê? Falo metaforicamente. Posso escrever que minha dança desengonçada numa festa me tornou o centro das atenções, mesmo que um casal paquerando não tenha me notado. Por quê? "Centro das atenções" é figura de linguagem, usada para dar ênfase.

Mas não posso inventar a festa. Talvez Sedaris possa, porque chama os eventos em seus ensaios de "realish" (quase reais). O satirista da TV americana Stephen Colbert criou outro termo para essas liberdades: "truthiness" — inferindo que algo é verdade desde que você deseje. Cita a racionalização de Bush para invadir o Iraque como exemplo porque Bush não permitiu que os fatos interferissem em suas intenções.

Quando um presidente inventa fatos, as consequências podem ser catastróficas. Mas todas as mentiras geram desconfiança. Por isso pesquisei no Google para verificar a data da morte de Adams e Jefferson. Essas coincidências raras acontecem. Na ficção, seriam implausíveis demais. Ou, como o escritor americano Mark Twain escreveu: "A verdade é mais estranha que a ficção. A ficção precisa ser fiel às possibilidades, a verdade não."

22 de janeiro de 2009

# A luta literária

Para a maioria dos autores, escrever é como se exercitar; o prazer não está na prática, mas no fato de ter praticado. Por quê? O ato literário é uma luta que só termina com o último ponto. Mas o tipo e a intensidade da luta variam com o escritor.

João Cabral de Melo Neto disse que sua luta envolve a necessidade de preencher um vazio. A de Rachel de Queiroz era econômica, não existencial, pois escrevia para se sustentar. "Se eu morrer agora, não vão encontrar nada inédito na minha casa", disse. Para Verissimo, o adversário é o prazo dos jornais, que não dá a suas ideias bastante tempo para incubar.

Ariano Suassuna, a rara exceção, escreve para entrar no mundo dos personagens e suas aventuras enquanto os cria. Para ele, o ato literário é interativo, e a gratificação, imediata. A maioria dos músicos gosta mais de tocar músicas do que de compor, pela mesma razão: a recompensa instantânea. Por isso, Verissimo falou que prefere soprar o saxofone a escrever.

Escrever, como compor, adia a gratificação. O prazer não vem com a palavra certa para terminar a frase ou parágrafo, mas com os primeiros esboços, quando, como diz Philip Roth, "você tem chão embaixo dos pés". Para o ganhador do Nobel Orhan Pamuk, o fim também é o objetivo. "Escrevo", disse ele, "porque, quando começo um romance ou ensaio, quero terminar."

Para Pamuk, escrever é o longo e árduo processo de "descobrir o ser dentro de si que fala de coisas que todos sabemos, mas não sabemos que sabemos". Concordo. Só ao colocar minhas ideias e sentimentos no papel consigo elaborá-los e elucidá-los. Uma vez, depois de escrever um poema para uma mulher que me abandonara, chorei ao ler porque nunca tinha ouvido minha mágoa sair de modo tão simples e sintético. Como E.M. Forster disse: "Para saber o que penso, preciso ver o que digo."

Meu pai disse que eu seria escritor quando meu nome estivesse na capa de um livro. Mas este só refletiu a fé de uma editora. Virei escritor pagando o preço — a disciplina, paciência, coragem — que o ofício cobra. E também tive que buscar um equilíbrio entre a necessidade de interagir com o mundo para entendê-lo e a de me isolar do mundo para colocá-lo em perspectiva no papel.

Para virar escritor, eu também precisava achar minha voz — afinando ideias para acertar o tom. Essa voz tem que refletir quem você é! Hemingway achou a sua em frases secas e concisas como: "à venda, sapatinhos de nenê, nunca usados."

Autores como Hemingway e Faulkner buscavam imortalidade, só desfrutável do Além. Como Woody Allen disse, "melhor do que continuar vivendo nos corações e mentes do público é continuar vivendo no próprio apartamento".

Outros são atormentados pela pergunta: "Eu tenho talento?" Veja o dramaturgo no filme de Woody *Tiros na Broadway*. Depois de se recusar a pagar o preço do ofício e contratar um novato promissor para reescrever suas peças medíocres, é forçado a admitir que não tem talento. Não pago o preço para provar meu talento, nem para que me leiam, muito menos para ser lembrado. Pago porque quero saber o que sei.

14 de maio de 2009

# A sabedoria da insegurança

Alguns consideram minha mudança para cá, uma viagem sem volta para um país que nunca visitei, um ato de coragem, um pulo gigante. Não foi. Foi um passo gradativo, uma extensão de uma década errante. Entre meus 20 e 30 anos, passei muito tempo pegando caronas pelos Estados Unidos com a placa "Qualquer lugar menos este". Vir pra cá foi uma separação de um lugar onde nunca me senti em casa.

Meus dias na estrada me fizeram sentir seguro sobre como viver no presente. Ao me colocar em uma situação aparentemente insegura por um tempo indefinido e aceitando suas consequências, eu aprendi a desenvolver uma segurança interior. O filósofo inglês Allan Watts disse: "O desejo de segurança é uma dor e uma contradição, e quanto mais nós o perseguimos, mais doloroso fica." Quer dizer, renunciar à compulsão de se sentir seguro torna você mais seguro.

Na época das caronas, eu vivia de bicos — construindo casas, colhendo maçãs, trabalhando como barman e garçom — e lia Watts. Essa jornada incluiu pausas maiores em cinco cidades americanas e europeias antes de chegar ao Rio, o refúgio ideal.

O jeito descontraído dos cariocas me ajudou a me recuperar de uma cultura mais estressante e competitiva. E, quando vi que podia sobreviver como jornalista *freelancer*, a pausa virou uma permanência. Eu tinha 33 anos. Agora, 28 anos depois, ainda sou *freelancer*. E viver à margem de uma profissão, como viajar à beira de uma estrada, ensina que a segurança vem de ter fé em si mesmo.

Os jovens de hoje não são aventureiros como eram quando comecei a pegar carona no início dos anos 70. Era uma época em que os jovens faziam viagens sem destino, fossem psicodélicas ou quilométricas, para abrir as portas da percepção e da autodescoberta.

Hoje, poucos jovens fazem essas odisseias. Uma economia global instável e mais competitiva acelerou suas tentativas de entrar no mercado de trabalho. Então, muitos conhecem o terno e a gravata antes de conhecer a si mesmos.

Para alguns, esse processo é um constante e imprevisível ato de autorreinvenção. Eu estudei Zoologia e Cinema, virei jornalista e depois cronista. E descobri que você encontra segurança não quando a procura, mas quando aceita os mistérios e incertezas da vida. Não é uma busca externa, mas uma entrega interna. É a diferença entre passar pela vida — "a força que impele através do verde rastilho a flor"* — e deixar a vida passar por você.

3 de maio de 2011

---

*Título de um poema de Dylan Thomas.

Este livro foi composto na tipologia Syntax LT
Std, em corpo 11/16, e impresso em papel
off-white 80g/m² no Sistema Cameron da
Divisão Gráfica da Distribuidora Record.